Francisco Cândido Xavier

Falando à Terra

(MENSAGENS MEDIÚNICAS)

1.ª EDIÇÃO

15.000 exemplares

1951

FEDERAÇÃO ESPÍRITA BRASILEIRA
(Departamento Editorial)

Rua Figueira de Melo, 410 e Avenida Passos, 30
RIO DE JANEIRO

Esclarecimento ao Leitor

Esta nova edição procura contemplar o texto por Espíritos diversos, psicografado por Francisco Cândido Xavier, conforme registrado na primeira edição, arquivada e disponível para consulta nos acervos da FEB (Patrimônio do Livro e Biblioteca de Obras Raras).

Dessa forma, as modificações ocorrerão apenas no caso de haver incorreção patente quanto à norma culta vigente da Língua Portuguesa no momento da publicação, ou para atender às diretrizes de normalização editorial previstas no *Manual de Editoração da FEB*, sem prejuízo para o conteúdo da obra nem para o estilo do autor espiritual.

Quando se tratar de caso específico que demandar explicação própria, esta virá como nota de rodapé, para facilitar a compreensão textual.

Para a redação de cada nota explicativa, sempre que necessário foram consultados especialistas das áreas afetas ao tema, como historiadores e linguistas.

A FEB reitera, com esse procedimento, seu respeito às fontes originais e ao fenômeno mediúnico de excelência que foi sempre a marca registrada do inesquecível médium Francisco Cândido Xavier.

FEB Editora
Brasília (DF), 2 de setembro de 2022.

Francisco Cândido Xavier

FALANDO À TERRA

Mensagens mediúnicas de
vários Espíritos

FEB

Copyright © 1951 by
FEDERAÇÃO ESPÍRITA BRASILEIRA – FEB

7ª edição – Impressão pequenas tiragens – 1/2024

ISBN 978-65-5570-495-2

Esta obra foi revisada com base no texto da primeira edição de 1951.

Todos os direitos reservados. Nenhuma parte desta publicação pode ser reproduzida, armazenada ou transmitida, total ou parcialmente, por quaisquer métodos ou processos, sem autorização do detentor do *copyright*.

FEDERAÇÃO ESPÍRITA BRASILEIRA – FEB
SGAN 603 – Conjunto F – Avenida L2 Norte
70830-106 – Brasília (DF) – Brasil
www.febeditora.com.br
editorial@febnet.org.br
+55 61 2101 6161

Pedidos de livros à FEB
Comercial
Tel.: (61) 2101 6161 – comercial@febnet.org.br

Dados Internacionais de Catalogação na Publicação (CIP)
(Federação Espírita Brasileira – Biblioteca de Obras Raras)

X3f   Xavier, Francisco Cândido, 1910–2002

Falando à Terra / por Espíritos diversos; [psicografado por] Francisco Cândido Xavier. – 7. ed. – Impressão pequenas tiragens – Brasília: FEB, 2024.

248 p.; 23 cm

Inclui súmula biográfica dos autores e índice geral

ISBN 978-65-5570-495-2

1. Espiritismo. 2. Obras psicografadas. I. Federação Espírita Brasileira. II. Título.

CDD 133.93
CDU 133.7
CDE 80.03.00

Sumário

Esclarecimento ao Leitor 2
Falando à Terra 7

1 Oração ao Brasil   11
2 Caridade   17
3 Reminiscências   20
4 Paz e luta   29
5 Impressões   33
6 A escola   38
7 Evangelho   44
8 O ensinamento   49
9 Definição   52
10 Voltando   57
11 Notícias   64
12 Do além   84
13 Poema de mãe   89
14 De retorno   92
15 Amor   107
16 Apreciações   109
17 Insensatez   116
18 Conto simples   119
19 Avançando   124

20 Um dia   129
21 Penitência   131
22 Na senda   140
23 Saúde   143
24 Três almas   149
25 Se semeias   152
26 Dentro de nós   154
27 Remorso   156
28 De salomão   159
29 Página breve   161
30 O tempo   163
31 Meditação   175
32 Reflexões   177
33 O juiz compassivo   197
34 De longe   200
35 Tudo claro   206
36 Mentalismo   208
37 Lembrete   213
38 Conheçamo-nos   214
39 Visão nova   218
40 Esperança   222

Súmula biográfica dos autores   225
Índice geral   234

Falando à Terra

No campo da vida, os escritores guardam alguma semelhança com as árvores.

Não raro, defrontamos com troncos vigorosos e eretos, que agradam a visão pelo conjunto, não oferecendo, porém, qualquer vantagem ao viajor. Ora são altos, mas não possuem ramaria agasalhante. Ora se mostram belos; todavia, não alimentam. Ora exibem floras de vário colorido, que, no entanto, não frutificam.

São os artistas que escrevem para si mesmos, perdidos nos solilóquios transcendentes ou nas interpretações pessoais, inacessíveis ao interesse comum.

De quando em quando, topamos espinheiros. São verdes e atraentes de longe; contudo, apontam acúleos pungentes contra quantos lhes comungam da intimidade enganadora.

Temos aí os intelectuais que convertem os raios da inteligência nos venenos ideológicos das teorias sociais de crueldade ou nos tóxicos da literatura fescenina, com que favoreçam o crime passional e a mentira aviltante.

Por fim, encontramos os benfeitores do mundo vegetal, consagrados a produção de benefícios para a ordem coletiva. São sempre admiráveis pelos braços com que acolhem os ninhos, pela sombra com que protegem as fontes, e pelos frutos com que nutrem o solo, os vermes, os animais e os homens.

São os escritores que trabalham realmente para os outros, esquecidos do próprio "eu", integrados no progresso geral. Sustentam as almas, transformam-nas, vestem-nas de sentimentos novos, improvisam recursos mentais salvadores e formam ideais de santificação e aprimoramento, que melhoram a Humanidade e aperfeiçoam o planeta.

Este livro é constituído de galhos espirituais dessas árvores frutíferas. Os autores que o compõem, falando à Terra, estimulam o coração humano à sementeira de vida nova.

É a voz amiga de almas irmãs que voltam dos cumes resplandecentes da imortalidade, despertando companheiros que adormeceram no vale sombrio.

Almas, que ajudam e consolam, animam e esclarecem.

Não temos, todavia, qualquer dúvida. Não obstante o mérito do que exprimem, muita gente prosseguirá sonâmbula e entorpecida.

É que o despertar varia ao infinito...

A gazela abre os olhos ao canto do pássaro. A pedra, entretanto, somente acorda a explosões de dinamite.

Falando à Terra

Resta-nos, porém, a confortadora certeza de que, se há milhões de almas anestesiadas nos enganos da carne, já contamos, no mundo, com milhares de companheiros que possuem "ouvidos de ouvir".

EMMANUEL
Pedro Leopoldo (MG), 18 de abril de 1951.

1 Oração ao Brasil

Ruy Barbosa

Brasil! Quando os povos cultos e poderosos exibem o verbo da força pela boca dos canhões, revivendo milenários estigmas da destruição e da morte, nós, os teus tutelados felizes, podemos exaltar-te o heroísmo silencioso. Adotaste-me por filho afortunado, quando te bati à porta acolhedora[1], fugindo ao céu borrascoso e sombrio do Velho Mundo. Deixava, no fumo do pretérito, os impérios coroados de ouro, que alimentam a ignorância e a miséria com o baraço e o cutelo dos carrascos da liberdade; a truculência erguida em governo das nações, asfixiando o impulso generoso de comunidades progressistas; a tirania convertida em legalidade nos tronos de rapina; a mentira e a astúcia mascaradas de sacerdócio; a opressão inquisitorial dos perseguidores da fé livre, buscando perpetuar o negrume da Idade Média; a fábula impiedosa pretendendo orientar as letras sagradas, e, por fantasma erradio, a revolta, dominando cérebros e

---

[1] Refere-se o mensageiro espiritual à reencarnação anterior, dele mesmo, no Brasil.

Francisco Cândido Xavier | Ruy Barbosa

corações, para, mais tarde, arremeter de improviso aos gulosos comensais do poder.

Atravessei os pórticos do templo da fraternidade, que o teu clima de paz me oferecia. Deslumbrado à luz de teu céu, ajoelhei-me ante o Cruzeiro resplandecente que te inspira, recordando o Divino Herói Crucificado. Aqui, o patíbulo não era o caminho dos sonhadores; o crime organizado não era a curul administrativa; as trevas das consciências não eram a expressão religiosa; o despotismo purpurado não era o refúgio à intolerância; o cativeiro das paixões inferiores não era a aristocracia da inteligência; o assassínio das opiniões não era a glória do feudalismo jactancioso; a violência não era segurança; a carnificina não era o brilho do mando; o sangue e o veneno, a prepotência e a traição não eram a galeria brilhante da política do terror; a fogueira não era o prêmio à investigação e à ciência; a condenação à morte não era o salário dos mais dignos.

O perfume da terra misturava-se à claridade do firmamento, e orei, agradecendo à Providência Divina o acesso aos teus celeiros de pão e de luz, de compreensão e de bondade. Em teus caminhos, rasgados pela renúncia de apóstolos anônimos, estampavam-se os rastros de todos os corações que se haviam fundido, no crisol do amor sublime, para os teus primeiros dias de nacionalidade. Ouvi o cântico das três raças, que o trabalho, a simplicidade e o sofrimento consagraram para sempre em teu nascedouro, e recebi a honra de compartir o esforço de quantos te prelibaram a independência.

Falando à Terra | Oração ao Brasil

Por ti, em minha frágil estrutura de homem, amarguei os tormentos do operário e as angústias do orientador. E, enquanto te acompanhava os vagidos no berço da emancipação que conquistaste sem sangue, por ti fui quinhoado com a graça do desfavor e do exílio, para voltar, depois, à cabeceira do infante que te guiaria os destinos, durante meio século de probidade e sacrifício[2]. Lidador novamente sentenciado ao ostracismo, aguardei a morte, com a serenidade do servo consciente, feliz pela exação no cumprir seu dever e crente na tua destinação de Terra Prometida que o Rei Entronizado na Cruz estremece e amanha. Sob a inspiração viva de teus dilatados horizontes de luz, jamais me alapei nas dobras da pusilanimidade quando se me exigisse valor; jamais urdi a ficção, refugindo a realidade; jamais contubernei com a felonia contra a inocência. E ardendo no propósito de servir-te, no resgate de minúscula parcela do meu débito imenso, entranhei-me venturoso no labirinto da reencarnação, ideando contigo a pátria da renovação humana. Reconstituído o templo de carne, de cujo órgão se irradiariam as ondas do pensamento, devotei-me de novo ao culto de teu progresso incessante. Eu, que desfrutara o privilégio de sentar-me nas assembleias que te planejavam o grito libertador, assomei à tribuna de quantos te defendiam os ideais republicanos, filiando-te na legião dos povos cultos e determinadores.

Por ti, partilhei o governo, usei a autoridade, preservei a ordem, louvei o patriotismo, encareci a democracia

---
2 Referência a D. Pedro II.

e confundi-me com o povo, vivendo-lhe as expectativas e aspirações. À invocação de teu nome, e acima de todas as cogitações peculiares ao homem de Estado e ao filho honrado da plebe laboriosa, que eu fui, advoguei, em tua companhia, a causa da liberdade, compreendendo o apostolado de amor universal com que subiste à tona da civilização. Nunca me honrei com aplausos e louros, que os não mereci, mas vigiei, quanto pude, na preparação de tua vitória, exercendo o ministério do direito a que te afeiçoaste, desde o sonho impreciso dos missionários expatriados que te marcaram as primeiras linhas de evolução, voltados para o esplendor da Igreja primitiva. Incorporando-te à essência de meu sangue e de meu ideal, confiei-me – célula microscópica – à tua grandeza imperecível e tomei assento nas lides da palavra e da pena, nos tribunais e nas praças, nos jornais e nos comícios, quase sempre sozinho, na guerra sem quartel daqueles que não conhecem o conselho dos generais, nem o apoio das baionetas. Por ti, suportei, orgulhoso, o peso de asfixiantes responsabilidades que me feriram os ombros e me iluminaram o coração, na evidência e na obscuridade, aprendendo e sofrendo contigo, na escola da igualdade, da tolerância e da justiça.

E agora, que a ciência mortífera grava transitória supremacia nos regimes, estimulando a política da força pelo triunfo numérico; que a perversidade da inteligência lança o descrédito nos fundamentos morais do mundo; que a crise do caráter emite vagas negras de perturbação

Falando à Terra | Oração ao Brasil

e desordem; que a toga desce da majestade dos seus princípios, para dourar os instintos da barbárie nos tremendos conflitos internacionais que se agigantam no século; que a moral religiosa concorre ao pleito de dominação indébita, imergindo nas trevas da discórdia as consciências que lhe cabe dirigir; que a doutrina do sílex substitui os tratados nas guerras sem declaração; que os dogmas de todos os matizes se insinuam nas conquistas ideológicas da Humanidade, preconizando a mordaça e o obscurantismo – agora ponho meus olhos em teu vasto futuro...

Possa continuar ecoando em teus santuários e parlamentos, cidades e vilarejos, vales e montanhas, florestas e caminhos, a palavra imortal do Mestre da Galileia! Conserva a tua vocação de fraternidade, para que os mananciais da benção divina jorrem luz e paz sobre a tua fronte dignificada pelo esforço cristão na concórdia e na atividade fecunda. Guarda o teu augusto patrimônio de liberdade à distância de todos os gigantes do terror, dos deuses da carniça e dos gênios da brutalidade, que tentam ressuscitar as fósseis da tirania. Elege o trabalho por bússola do progresso e da ordem, porque de tuas arcas dadivosas manará novo alimento para o mundo irredimido. Templo de solidariedade humana, teu ministério de pacificação e redenção apenas começa... Novo hino será desferido por tua voz no coro das nações. Nem Atenas adornada de filósofos, nem Esparta pejada de guerreiros. Nem estátuas impassíveis, nem espadas contundentes. Nem Roma, nem Cartago. Nem senhores, nem escravos.

Francisco Cândido Xavier | Ruy Barbosa

Desdobrem-se, isto sim, em teu solo amoroso os ramos viridentes da Árvore do Evangelho, à cuja sombra inviolável se mitigue a sede multimilenar do homem fatigado e deprimido! Desfralda o estrelado pavilhão que te assinala os destinos e não te quebrantes à frente dos espetáculos cruentos, em que os povos desprevenidos da atualidade erguem cenotáfios e ossuários à própria grandeza. Descerra hospitaleiras portas aos ideais da bondade construtiva, do perdão edificante, do ilimitado bem, porque somos em ti a família venturosa do Cristianismo restaurado, e, por amor, se necessário, mil vezes nos confundiremos no pó abençoado e anônimo dos teus caminhos floridos de esperança, empunhando o código da justiça para o exercício varonil do direito, emergindo das sombras da morte – celeiro sublime da vida renascente.

Grande Brasil! Berço de triunfos esplêndidos, aberto à glorificação do Cristo, seja Ele a tua inspiração redentora, o teu apoio infalível, a trave-mestra de tua segurança; e, enaltecendo o messianismo do teu povo fraterno, em cujo seio generoso se extinguem todos os ódios de raça e se expungem todas as fronteiras do separatismo destruidor, que o Mestre encontre no âmago de teu coração o sagrado pouso das Boas-Novas de Salvação, descendo, enfim, da cruz de nossa impenitência multissecular para conviver com a Humanidade terrestre, para sempre.

2 Caridade

Fabiano de Cristo

Sem a caridade, tudo, na Terra que povoamos, seria o caos do princípio.

A ciência ateará sempre a chama da palavra nos lábios humanos, erguendo pedestais à inteligência; mas, sem a caridade de Jesus, que alimenta o corpo e sustenta a vida, debalde se levantarão púlpitos e monumentos.

Todos os patrimônios que enriquecem o homem foram acumulados pela graça do Senhor, considerando o progresso em seus alicerces profundos.

A caridade divina é tangível em toda parte.

Caridade é o ar que respiramos, a luz que nos aclara os caminhos, o grão que nos supre de forças, o pano que nos envolve, a afeição que nos acalenta, o trabalho que nos aperfeiçoa e a experiência que nos aprimora.

O mundo inteiro é uma instituição de amor divino, a que nos acolhemos para amealhar a riqueza do futuro. A caridade é a coluna central que o mantém. Sem ela, que exprime paciência e humildade, serviço e elevação, a

Francisco Cândido Xavier | Fabiano de Cristo

máquina da vida paralisaria em todas as peças. Sem ela, os santos mofariam no paraíso e os pecadores clamariam, desesperados, no inferno; os fortes não se inclinariam para os fracos, nem os fracos vicejariam ao contato dos fortes; os sábios apodreceriam na estagnação, por ausência de exercício, e os ignorantes gemeriam, condenados indefinidamente às próprias trevas.

Mas a bendita sentinela de Deus é o Anjo Guardião do Universo, e nunca relega as criaturas ao desamparo, ensinando que a vitória do bem, com ascensão para a luz, é sempre obra de cooperação, interdependência e fraternidade.

A estátua não desfrutaria o louvor da praça pública sem a caridade do material inferior que lhe assegura o equilíbrio na base; a luz não nos livraria das sombras se a candeia acesa no velador não lhe dirigisse os raios para o chão.

O solo aceita as exigências do rio que o desgasta, incessantemente, e, com isto, a escola terrestre permanece viva e fértil; a semente conforma-se com o negrume e a soledade na cova e, assim, a mesa tem pão.

Sem obediência às normas da caridade, que exalta o sacrifício de cada um para a bem-aventurança de todos, qualquer ensaio de felicidade é impraticável.

Somos todos filhos da Graça Divina e herdeiros dela, e, para santificarmos a vanguarda do progresso, é imprescindível dar de nós mesmos, em oferta permanente ao bem universal.

Todo egoísmo está condenado de início.
A água, sem proveito, putrefaz-se.
O arado inativo é carcomido pela ferrugem.
A flor estéril torna ao adubo.
O espírito permanentemente circunscrito ao estreito círculo de si mesmo é castigado com a desilusão.
Recebendo as bênçãos do Céu, através de mil vias, a cada instante da experiência no corpo, o homem que não aprendeu a dar, em auxílio espontâneo aos semelhantes, é louco e infeliz.
Multipliquem-se palácios para a administração e para a cultura do cérebro; mas, enquanto a porta do coração não se descerrar ao toque do amor fraterno, a guerra será o vulcão espiritual do mundo, devorando a Paz e a Vida. Descubram-se preciosos segredos da matéria e entoem-se cânticos de triunfo no seio das nações gloriosas da Terra; mas, enquanto o homem não ouvir o apelo suave da caridade, para fazer-se verdadeiro irmão do próximo, o solo do planeta permanecerá empestado de vermes e encharcado de sangue dos mártires, que continuarão tombando a serviço da divina virtude em intérmina caudal.

3 Reminiscências

MEDEIROS E ALBUQUERQUE

O Brasil republicano vagia entre as faixas do berço, quando conheci Manuel Ramos, nome pelo qual designarei um amigo obscuro, que abracei pela primeira vez no curso de breve contenda com portugueses ilustres, a propósito de Floriano.

Comentávamos desfavoravelmente as atitudes cordiais do embaixador Camelo Lampreia, que primava pelo bom senso, na conciliação dos elementos exaltados, ante os atos do Consolidador, quando um amigo brasileiro, justamente indignado, se prepara a revide de enormes proporções, de punhos cerrados e carantonha sombria. Assustado, procurava eu apartar os contendores, quando surge o Manuel, com a carcaça de um touro e com a alma de anjo, evitando o pugilato.

Conteve os antagonistas, qual se fora um gladiador romano, habituado ao manejo de feras, e eu, tomado de simpatia, ofereci-lhe a mão, em sinal de reconhecimento, quando os ânimos irritados possibilitaram a conversa pacífica.

No amplexo amistoso, porém, observei que Manuel não era servidor comum, que se contentasse com a gorjeta ou com o elogio fácil.

Surpreendeu-me com o seu olhar indagador, a fixar-me insistentemente.

E quando preparei, intencional, as frases da despedida, o musculoso interventor da rixa inesperada me falou, sem preâmbulos:

— Doutor Medeiros, poderá conceder-me uma palavrinha?

Quem não anuiria em ocasião como aquela?

O rapaz, contudo, foi breve. Biografou-se com simplicidade, através de informes curtos e francos.

Era empregado na cozinha de portugueses acolhedores, que o faziam encarregado da bacalhoada acessível à numerosa freguesia, em atividade regular no porto. Fluminense de origem, buscara o Rio com o sonho maravilhoso de todos os moços pobres do interior, que imaginam na metrópole o Eldorado das miragens de Orellana. Não conseguira, entretanto, senão a colocação humilde, em casa de pasto, embora vivesse de livro às mãos.

Estudava, estudava, mas... — salientava, desalentado — a sorte lhe fora incrivelmente adversa.

Onerado de compromissos, na órbita da família, vira o pai morrer, quase sem recursos, minado pela peste branca, e presenciara a loucura de sua mãe, desvairada de dor sobre o cadáver do companheiro e mais tarde internada, com ficha de indigente, em hospício da Capital.

Sobravam-lhe, ainda, quatro irmãs para cuidar.

Ganhava pouco e mal conseguia atender ao constante dreno doméstico. Agrupou em palavras rápidas e respeitosas diversas questões pequeninas que lhe apoquentavam a mente, detendo-se, porém, no caso materno, com minudências curiosas a lhe revelarem a grandeza do sentimento afetivo; e, por fim, imprimindo significativa reverência ao timbre de voz, pediu-me conselho, asseverando-se informado quanto aos meus estudos de magnetismo.

Não poderia, de minha parte, prestar-lhe socorro?

Reparando, talvez, a ponta de sarcasmo que me assomou ao sorriso de gozador impenitente, consertou o passo, acentuando que, se me não fosse possível a visita direta ao internato, a fim de aliviar-lhe a genitora doente, esperava que eu lhe desse, pelo menos, algumas noções alusivas ao assunto.

Ante a sinceridade cristalina e a beleza do devotamento filial que ele aparentava, por pouco lhe não pedi desculpas pela ironia silenciosa de momentos antes, e assenti.

Realmente, expliquei, não me confiava a experiências do teor daquela que me solicitava, mas dispunha de literatura valiosa e aproveitável.

Ceder-lhe-ia com prazer o material que desejasse.

Combinamos o encontro para o dia seguinte.

Apareceu Manuel, pontualmente, à entrevista, ouvindo-me, atencioso, como se ele estivesse à escuta de informações relativas a tesouros ocultos.

Acreditando falar muito mais comigo mesmo, recordei, para começar, a figura de Mesmer.

Manuel, contudo, não se mostrou leigo no assunto. Frederico Mesmer era para ele velho conhecido. Reportou-se, de modo simples, às leituras em francês a que se consagrava cada noite, em companhia de anônimo poliglota do subúrbio, e referiu-se à clínica do grande magnetizador na *Place Vendôme*, qual se houvera morado em Paris ao tempo de Luís XVI. Sabia quantos reveses o valoroso professor havia sofrido para provar as novidades científicas de que se sentia portador. O rapaz chegava a conhecer o texto do voto vencido, com o qual De Jussieu[3], o fundador da botânica moderna, se revelava o único amigo da verdade, na comissão indicada pela Sociedade Real de Medicina, a fim de apurar a realidade dos fenômenos magnéticos.

Agradavelmente surpreendido, senti-me à vontade no comentário aberto.

Recordei De Puységur, anotando-lhe os experimentos preciosos, quando, mordiscado de curiosidade, passeava no salão a gritar, inquieto, para os ouvidos de seus pacientes: – *Dormez! Dormez!*

E, num desfile de impressões do brasileiro que vive de frente para a Europa, falei-lhe de Braid, de Liébeault, Bernheim e Charcot, especificando as características das escolas de Nancy e de Paris.

---
3 N.E.: Antoine Laurent de Jussieu (1748–1836).

Alinhei minhas próprias observações, e Manuel, então silencioso, me assinalava as palavras como se fora deslumbrado e ditoso devoto à frente de um semideus.

Recolheu, contente, a copiosa literatura em português e francês que lhe pus nas mãos ávidas e partiu.

De quando em quando me procurava, gentil, em visitas apressadas, a que, por minha vez, não prestava maior atenção.

A vida abriu-me caminho, por outros rumos, no seio do matagal humano, e, à maneira do seixo que rola para o mar, impulsionado pelos detritos que descem da serra, a golpes irresistíveis da enxurrada grossa, ao invés de seguir no curso de águas pacíficas, avancei no tempo, através de peripécias mil, na política e na imprensa, incapaz de erguer-me à esfera transcendente das cogitações religiosas.

Quando, em 1916, voltei da Europa com largo programa de serviço pró-adesão do Brasil aos Aliados, na culminância da batalha jornalística, eis que me aparece o Manuel, em pleno escritório, num singular extravasamento de alegria.

Forçara portas e afrontara auxiliares neurastênicos para ver-me e apertar-me nos braços.

– Doutor Medeiros! Doutor Medeiros! Enfim!... – Clamava, ofegante – há quanto tempo, meu Deus! Há quanto tempo!...

Respondi-lhe ao abraço, com um sorriso forçado, porque nesse mesmo instante deveria avistar-me com Lauro Muller, a respeito de solenes decisões na campanha popular desencadeada.

Desejei provocar a retirada do importuno, que deixava transparecer nas bochechas de quarentão maduro aquela mesma alegria robusta do tempo de Floriano.

A conversação dele fazia-se absolutamente imprópria, a meu ver, em semelhante ocasião; entretanto, Manuel não me ofereceu qualquer oportunidade de censura cordial ao seu procedimento.

Eufórico, palavroso, desaparafusou a língua e narrou êxitos sobre êxitos.

O magnetismo desvendara-lhe estradas novas. Conseguira milagres. Mantinha correspondência ativa com estudiosos ilustres da França. Apresentava, garboso, conclusões próprias acerca do desdobramento da personalidade. Enfileirava apontamentos especiais sobre o sistema nervoso. Engalanava-se com dezenas de casos raríssimos de cura, inclusive a da própria genitora que se reequilibrara e ainda vivia.

E acrescentava informes, referentes ao jardim doméstico, sem me oferecer um minuto para qualquer consideração.

Casara-se. Possuía três filhos que pretendia apresentar-me. A esposa e ele acompanhavam, carinhosamente, as minhas páginas em *A noite*. Convidava-me a visitar-lhe a família, quando chega ao recinto o ex-ministro, fitando-me com assombro, como se me surpreendesse na companhia de um louco.

O antigo quituteiro do restaurante português não se deu por achado ouvindo declinar o nome do respeitável político. Iluminaram-se-lhe os olhos, cobrou ânimo novo e, sem mais nem menos, recomendou-nos frequência assídua às sessões espíritas a que se dedicava nas noites de terças e sextas-feiras, junto de amigos e estudantes do Evangelho, encarecendo a necessidade de homens espiritualizados na administração do país. Reportou-se a Bittencourt Sampaio com frases quentes de aplauso. Sacou do bolso, que denotava prolongada ausência da lavanderia, seboso maço de papéis e leu, em voz estentórica, a primeira mensagem de Bezerra de Menezes, no Grupo Ismael, através do médium Frederico Júnior, e, longe de parar, abriu diante de nós maltratado volume do Novo Testamento, combinando a leitura de alguns textos com as páginas de Allan Kardec, ao mesmo tempo que indagava de minhas impressões acerca da Casa dos Espíritas, em Paris.

Mastiguei uma resposta qualquer, e Manuel, absolutamente incapaz de entender a minha inadaptação às verdades de que se fizera pregoeiro, continuou exaltando os imperativos de renúncia e de sacrifício para nós ambos, como se fora trovejante doutrinador em praça pública.

E quando se inclinava ao comentário de reencarnações passadas, afirmando ter vivido ao tempo de Gengis Khan, mal sopitando a vergonha que aquela intimidade me provocava, recomendei-lhe silêncio em tom autoritário e descortês.

O pobre amigo empalideceu e, enquanto o ex-ministro de Wenceslau Braz erguia para mim o olhar perscrutador, informei, implacável, indicando Manuel estarrecido:

— Lauro, tenho aqui um ex-empregado requerendo nossos préstimos. Não é má pessoa, mas enlouqueceu de repente. Guarda a mania do Espiritismo e eu desejava seus bons ofícios para que o infeliz obtivesse tratamento acessível na Praia Vermelha. Creio que não precisará do internato em regra, mas não pode prescindir de algum contato com o hospício.

O grande político levou o caso a sério e respondeu sem hesitar:

— Esteja descansado. Farei por ele quanto possa.

Nunca me esquecerei do olhar humilde que Manuel me dirigiu sem a menor reação, com duas grossas lágrimas, ao despedir-se cabisbaixo, sem mais uma palavra.

Depois, a vida continuou rolando, arrastando-me em seu torvelinho trepidante, mas o meu antigo aprendiz de magnetismo não mais me apareceu no caminho.

Política, jornalismo, aventuras...

Eis, porém, chegado o momento em que meus olhos se turvaram, como que embaciados por espesso véu.

Era o sono, era a morte? que sabia eu?

Compreendia apenas que não era mais possível brincar com a inteligência.

Indefinível pavor do desconhecido me assaltava o coração, afogado em lágrimas que eu não conseguia derramar.

Densa noite envolvera-me de súbito, e eu gritei com toda a força dos pulmões cansados, clamando por enfermagem e socorro, que se me afiguravam distanciados para sempre.

Em que tenebroso lugar minha voz vibraria agora, sem eco? que ouvidos me captariam as lamentações? Por quanto tempo supliquei apoio naquela posição de insegurança?

É inútil formular indagações a que não poderemos responder.

Um instante surgiu, contudo, em que percebi junto de mim prateada luz.

Alguém se aproximava, dando-me a ideia de piedoso visitador, remanescente talvez de São Bernardo, o salvador de viajantes perdidos nas trevas.

Diante do meu deslumbramento, a claridade cresceu, cresceu, e uma voz, que jamais olvidei, saudou alegremente:

– Doutor Medeiros! Doutor Medeiros!...

E o Manuel surgiu fulgurante de rara beleza, ante meus olhos assombrados, estendendo-me os braços fraternos.

Quietou-se-me, então, o raciocínio humano, apagaram-se-me os pruridos da inteligência.

Manuel, aureolado de sublimada luz, era para mim agora um verdadeiro redentor. Confiei-me ao seu carinho, copiando a rendição da criança assustada, que se refugia no seio materno, e uma vida nova começou para mim, somente imaginável por aqueles que sabem sobrepairar ao turbilhão de mentiras humanas, para escutarem, de alguma sorte, a mensagem renovadora dos companheiros que atravessaram a cinzenta e gelada fronteira do túmulo.

4 Paz e luta

Joana Angélica

Muitas vezes, a pretexto de servir a Jesus, fugimos para a sombra quieta do claustro, abandonando a luta em que o Mestre espera de nós a colaboração salutar.

Mal nos sabe a escolha, porque, em semelhante contemplação, cultivamos a inutilidade e acordamos, ao clarim da morte, na condição do pássaro de asas entorpecidas.

Diz-se que é preciso aborrecer o pecado, buscando o recanto silencioso da virtude improdutiva e anestesiante, sem o que não abominaremos Satanás e as suas obras.

Não traduzirá, porém, essa atitude, ruinoso descaso para com o mundo e para com as almas que o Senhor nos confiou aos cuidados e salvaguarda?

Fora preciso que o amor não passasse de escura mentira, para crermos em nossa salvação exclusiva, com deplorável esquecimento dos outros. Um soluço de criança na Terra destruiria o Céu que a teologia comum criou para atender, em caráter provisório, as nossas indagações.

Francisco Cândido Xavier | Joana Angélica

O clima de contrastes em que a inteligência da criatura se alarga e evolve, propiciando-lhe dificuldades e sombras temporárias, é, na essência, a paisagem indispensável ao crescimento do espírito, para a vitória do amor, no coração do homem e no caminho da Humanidade.

A paz resulta do equilíbrio e não da inércia.

Jesus, no madeiro, desfrutava a tranquilidade dos que podem desculpar o mal e esquecê-lo. Pilatos, na suntuosidade do Pretório, conservava um espírito vacilante e atormentado, que o arrastaria por fim ao suicídio.

O lago calmo costuma resumir-se a depósito de lodo estanque, enquanto a água corrente, rolando sem cessar sobre a escarpa, chega pura aos lábios ressequidos do homem.

A santidade não depende da máscara.

Há príncipes da fortuna e da inteligência, da autoridade e da fama, os quais, embora situados entre a poltrona macia e o louvor incessante dos grandes e dos pequenos, se esforçam, no serviço aos semelhantes, obedecendo aos ditames da reta consciência; e há mendigos, esfarrapados e sedentos, que elevam mãos postas aos céus, praguejando mentalmente em desfavor do próximo.

Muitos homens, aparentemente santificados por viverem repetindo orações comoventes, são almas leoninas que se reconhecem necessitadas de constantes preces e de meditação para não caírem na soez armadilha da própria impulsividade; ao passo que temperamentos pacíficos, de exterior indiferente por não respirarem na comunhão contínua dos sagrados ensinamentos, são espíritos enobrecidos na fé, superiores às tentações da calúnia ou da dor, que já sabem jornadear na Terra, achegados a Deus, sem as teias de qualquer empecilho humano.

Ninguém abandone a luta, crendo conquistar, assim, a paz.

Nenhum general experimenta o soldado em relvas floridas, e alma nenhuma se elevará ao cume da purificação, sem as provas compreensíveis e justas do sofrimento, no combate interior às inclinações menos dignas, ante as circunstâncias do mundo externo.

Muitas almas piedosas recolhem-se aos mosteiros, procurando, debalde, no afastamento da tentação, a serenidade e a alegria que lá não encontram, porque, ainda aí, o lírio que adorna o altar procede da lama desconhecida; a vela que arde em memória dos anjos consome a cera extorquida às abelhas laboriosas; o centeio que fornece o pão abençoado à mesa nasceu e cresceu na cova anônima do solo estercado; e a seriguilha que cobre a carne em contemplação foi roubada à ovelha ou ao algodoal, que produz sob a chuva e sob o vento.

Muitos encontram luta amarga onde procuram as doçuras da paz, porque a serenidade legítima provém das obrigações bem cumpridas no quadro de trabalho que a realidade nos designa.

Conflitos e atritos vibram em toda parte, porque, em todos os recantos, o espírito suspira por ascensão.

Aceitemos os desafios do mundo sem temer o pecado, as trevas, o lodo, a morte.

Como sustentar a beleza e a ternura do lume, se não desculparmos a dureza e a fealdade do carvão?

A vanguarda do trabalho é uma arena de que nos não cabe fugir. Defendamos em suas linhas a nossa posição de serviço, amando e agindo, imaginando e elaborando para o bem, e o Senhor, por certo, nos fará Divina Mercê.

5 Impressões

Deodoro da Fonseca

Volvidos sessenta e um anos sobre a proclamação da República no Brasil, não recordamos o evento para lastimar a audaciosa apostasia, ante os princípios monárquicos, mesmo porque a evolução transita por sendas inelutáveis.

Muitos espíritos comodistas enxergaram em nós somente o pupilo ingrato do grande Imperador e nos cumularam de sarcasmo e sofrimento que nos seguiram até à morte do corpo; mas outros, tanto quanto nós mesmos, conseguiram reconhecer no homem pequenino, que as circunstâncias arrebatavam ao anonimato, o simples instrumento do progresso renovador.

O povo determina os acontecimentos, e os acontecimentos se encarnam nos homens que o representam.

Quantas vezes o eleito da multidão paga o imposto do sacrifício ou da morte pela escolha que não pediu ou pelo título que não disputou?

Não compareceremos, pois, à tribuna que o Espiritismo nos oferece, para lamentar o passado ou repisar mágoas que a memória humana ainda não esqueceu. Nosso intuito, em rememorando a consagração definitiva dos nossos ideais republicanos, é o de alongar os olhos mais ao centro de nossas realidades essenciais.

Indubitavelmente, na hora de emancipação do poder, não seria lícito buscar outros padrões para a constituição orgânica da comunidade nacional senão naquelas fontes visceralmente democráticas que os povos avançados nos ofereciam; e a nata intelectual, como também o escol político, se debruçaram sobre os princípios de Auguste Comte e devoraram as tradições inglesas e norte-americanas, com a volúpia do artista de imaginação superexcitada que descobrisse no vasto território brasileiro uma nova Hélade, brilhante e gloriosa, perfeitamente habilitada à assimilação de princípios sublimes e soberanos, sem qualquer serviço preparatório do entendimento popular.

Proclamada a República e lançada a Carta Magna de 91, é que reparamos a enorme população ruralizada, a disparidade dos climas, a extensão do deserto verde, as tragédias do sertão, o problema da seca, a necessidade de uma consciência sanitária na massa popular, os imperativos da alfabetização, a incultura da liberdade, a escassez de sentimento cívico, a excentricidade das comunas municipais e o espírito ainda estreito de numerosas regiões.

O programa compulsório do País não poderia afastar-se da educação nos mínimos pontos; entretanto, tecêramos precioso manto constitucional com frases e textos de fina polpa democrática, quase impraticáveis além dos subúrbios do Rio de Janeiro.

Cabe-nos confessar hoje, honestamente, que ignorávamos a nossa condição de povo juvenil, com idiossincrasias que não pudéramos perceber; em vão tentamos o transplante das árvores ideológicas da Inglaterra, da França e da Suíça para a nossa gleba político-administrativa, de vez que o conceito de Estado não passava de ideia pragmática em nossa mente coletiva, ainda incapaz de vivê-la no trabalho e na responsabilidade, no pensamento e na emoção dos povos que se ergueram para tomar as rédeas dos próprios destinos.

E, por isto, em mais de meio século, temos agido e reagido, através de continuadas experimentações, tendendo, como é natural, para a centralização do governo, contra a expectativa de quantos sonham com o puro parlamentarismo britânico para as nossas realidades imediatas.

Nossa palavra, contudo, não expressa desilusão ou desânimo.

Compreendemos agora que uma nação é setor da Humanidade e que um povo é uma grande família espiritual operando no tempo, com tarefas determinadas no engrandecimento do mundo.

A República foi descerrada ao espírito brasileiro na hora certa; e se é verdade que pecamos por incapacidade de supervisão das nossas exigências objetivas, não é menos certo que cada coletividade, quanto cada indivíduo, desfruta o direito de evoluir e, consequentemente, a prerrogativa de experimentar e de errar, no sentido construtivo, pavimentando o próprio caminho de acesso aos mais altos valores da Civilização.

Apaixonados, presentemente, pela obra de educação e assistência, antes de quaisquer conquistas novas em matéria de liberdades públicas, aguardamos, com alegria, a vocação do retorno à lide carnal para melhor servir à Pátria, credora do nosso mais alto espírito de renunciação.

Não possuímos milagroso formulário de emergência para a cura das dificuldades políticas, inevitáveis e transcendentes em todos os gabinetes da atualidade, ao dispor daqueles que orientam a vida nacional.

Confiamos sinceramente na dignidade e na boa vontade de quantos se encontram nos postos diretivos e esperamos que a Luz Divina, tão positivamente evidenciada em nossa destinação histórica, se fixe nas atitudes dos dirigentes e nas deliberações do povo, conjugando autoridade e colaboração no erguimento do progresso comum.

Efetivamente, não dispomos ainda do equipamento industrial, dos recursos técnicos, da disciplina e das virtudes públicas que caracterizam as comunidades anglo-saxônicas; mas a grande balança do mundo, todavia, acusa, em nosso favor, uma civilização respeitável ao calor dos trópicos; um potencial econômico inapreciável; a verdadeira noção de fraternidade que podemos definir por base da democracia genética; o instinto de solidariedade humana; o culto sistemático aos ideais superiores; a ojeriza natural pelo nefasto orgulho de raça; o pacifismo construtivo; o respeito tradicional à independência dos outros; a veneração aos tratados e aos compromissos assumidos; a bondade inata; a penetração rápida nos enigmas espirituais; o sentimento religioso na exaltação da caridade; a iniciativa do bem; a colaboração espontânea em todas as obras que colimem erguer o indivíduo para níveis superiores; o zelo pela justiça; a vocação da liberdade; o sonho de largueza; o desprendimento da posse material e, sobretudo, a devoção sublime à Humanidade que converteu os nossos oito milhões e meio de quilômetros quadrados em Novo Lar do Evangelho redivivo para o mundo faminto de verdadeira regeneração.

Exalçando, assim, o Brasil, berço de nossas melhores aspirações, saudamos o nosso glorioso futuro, rogando a Deus que tenhamos a coragem de sermos nós mesmos, unidos na execução do novo mandamento, que para os jovens da Nação pode ser resumido numa simples palavra: – trabalhar.

6 A escola

Demétrio Nunes Ribeiro

Muita caridade se pratica realmente na Terra, como lançamento de alicerces à nossa felicidade futura.

Há quem levante valiosos monumentos de pedra para acolher os famintos da estrada, saciando-lhes a fome e vestindo-lhes o corpo.

Quantas vezes temos vertido lágrimas ao pé do enfermo abandonado à própria sorte? Em quantas ocasiões a indignação nos assoma à boca, diante do sofrimento de uma criancinha desprezada?

Em razão disto, comumente, a prece de gratidão emerge a par de nossa alegria, quando contemplamos as casas de amor fraterno, erguidas pela beneficência nas grandes e nas pequenas cidades, oferecendo uma pausa ou um ponto final à dura miséria.

Perante o moribundo sem família, que haja encontrado um teto, ou diante do menino infeliz, que se regozija com o seio materno que lhe faltava, faz-se em nossa alma o grande e intraduzível silêncio do júbilo, que se não exterioriza em palavras.

Falando à Terra | A escola

O infortúnio do próximo é sempre a nossa infelicidade provável.

A dor é, como o incêndio, suscetível de transferir-se da habitação do vizinho para a nossa casa.

Atentos em semelhante realidade, somos constrangidos a reconhecer que qualquer espécie de benemerência exalta o gênero humano e santifica-o, por fazer-nos mais confiantes na virtude e mais seguros de nossa vitória final no bem.

O Criador como que se revela sempre mais sábio, mais vivo e mais abundante de graças nos mínimos acontecimentos em que a bondade da criatura se manifesta.

Seja amparando o velho mirrado, seja insuflando coragem ao triste, ou abrigando o órfão, ou pensando as feridas de um corpo em chaga, o coração que ajuda é invariavelmente um foco de luz cujo brilho se irradia em ascensão para os mais altos céus.

Mas uma caridade existe, mais extensa e menos visível, mais corajosa e menos exercida, que nos pede concurso decisivo para a melhoria substancial da paisagem humana.

É a caridade daquele que ensina.

A Terra de todos os séculos sofre a flagelação de dois grandes males. Um deles é a miséria. O outro, e o maior, é a ignorância.

É a ignorância a magia negra de todos os infortúnios. Ao seu grosso tacão de trevas, o rico esconde o ouro destinado à prosperidade, e o pobre se envenena com o desespero, eliminando as possibilidades resultantes do trabalho.

Pela ignorância, os homens se julgam senhores absolutos do latifúndio terrestre, que lhes não pertence, arruinando-se em guerras de extermínio; o bom se faz ameaçado pela crueldade esmagadora, o mau se torna pior; a evolução de alguns estaciona com o manifesto atraso de muitos, e a vida, que é sempre magnífico patrimônio de recursos para a sublimação, se vê assediada pela discórdia e pela ira, pela ociosidade e pela indigência.

Na rede da ignorância, o homem complica todos os problemas do seu destino, por ela contribui para as aflições alheias e com ela se arroja aos abismos da dor e se entrega às surpresas do tempo.

Por este motivo, se o orfanato ou o asilo são casas abençoadas do agasalho e do pão, a escola será, em todos os seus graus, um templo da luz divina.

O pão mantém a carne perecedoura.

A luz santifica o espírito eterno.

Não bastará disciplinar as maneiras do homem adulto, como quem submete animais inteligentes.

A domesticação reclama apenas um braço firme, uma vergasta e uma voz autoritária, que não hesitem na aplicação da força corretiva.

Bom é corrigir. Melhor, porém, é educar.

A retificação rude, não raro, produz o temor destrutivo. O aperfeiçoamento suave e persuasivo gera sempre o amor edificante.

A ignorância necessita de muito esforço e sacrifício para deixar suas presas.

Falando à Terra | A escola

Quem se consagre ao mister de auxiliar deve dispor-se a sofrer.

O exemplo é a força mais contagiosa do mundo. Por esta razão, quem conserve hábitos dignos, quem se devote ao dever bem cumprido, quem fale ou escreva para o bem, combate a ignorância na posição de soldado legítimo do progresso.

Semelhantes benefícios, no entanto, precisam da sagrada iniciação com o ato de alfabetizar.

Ensinar a ler e elevar o padrão mental de quem lê constituem obras veneráveis de caridade.

Descerremos a espessa cortina de sombras que retém o Espírito – ninfa divina – no casulo da inércia.

Os que trabalham em favor das garantias públicas, se quiserem alcançar, efetivamente, as realizações a que se propõem, não podem esquecer, em tempo algum, a instrução e a educação.

É por elas e com elas que as nações sobrevivem no turbilhão dos acontecimentos que agitam os séculos. À claridade que despedem, extinguem-se os pruridos de hegemonia que desencadeiam os conflitos civis e internacionais, fenece a agressão, desaparece o ódio, apaga-se o incêndio da revolta.

Depois da morte, reconhecemos que todas as atividades do homem, por mais nobres, terão sido vãs, ou, mesmo, se anulam, caso não se hajam empenhado contra o obscurantismo intelectual, próprio ou alheio.

Regimes políticos e teorias da inteligência, tronos e togas, tiranos e condutores do povo se confundem na mesma cinza niveladora se o objetivo de aperfeiçoamento espiritual não foi procurado.

Pela conquista do ouro, quase sempre acordamos velhos monstros do egoísmo que jazem adormecidos dentro da alma.

Pela ascensão ao poder político, não raro, a massa enlouquece no delírio da vaidade.

Pelo abuso nos prazeres físicos, frequentemente o homem se equipara ao bruto.

Sem a escola, somente liberamos os instintos inferiores da personalidade ou da multidão, quando pretendemos libertar-lhes a consciência.

Educando e educando-se, o Espírito penetra a essência da vida, compreende a lei do uso e elege o equilíbrio por norma de suas menores manifestações.

Grande é a tarefa do pão, que gera o reconhecimento e a simpatia; entretanto, muito maior é o ministério do abecedário, que opera o divino milagre da luz, estabelecendo a comunhão magnética entre a inteligência do aprendiz de hoje e a mente do instrutor que viveu há milênios.

Cultura e, sobretudo, esclarecimento, são armas pacíficas contra a discórdia.

Abramos escolas e o canhão se recolherá ao museu.

Se cada criatura que sabe ler alfabetizasse uma só das outras que desconhecem a sublime função do livro, a regeneração do mundo concretizar-se-ia em breve tempo.

Jesus desempenhou o mais alto apostolado da Terra sem uma cátedra de academia, mas não se projetou nos séculos sem as letras sagradas do Evangelho.

É preciso ler para saber pensar e compreender.

Por esta razão expressiva, o Cristo, que consolou almas aflitas e curou corpos doentes, que patrocinou a causa dos sofredores e construiu caminhos para a salvação das almas nos continentes infinitos da vida, não se afirmou como sendo restaurador ou médico, advogado ou engenheiro, mas aceitou o título de Mestre e nele se firmou, por universal consagração.

Fortaleçamos a escola, pois.

7 Evangelho

Francisco do Monte Alverne

Baseando no Evangelho de Nosso Senhor Jesus Cristo a predicação do apostolado que lhes compete, os Espíritos Superiores não se apegam a qualquer nuvem de mistério para sustentar o alimento à fé religiosa, em cuja renascença colaboram, na qualidade de homens redivivos.

É que a vida extrafísica promove, nos que pensam, mais altas ilações com respeito à realidade.

Se há leis que presidem ao desenvolvimento do corpo, há leis que regem o crescimento da alma.

Jesus no estábulo não é um fenômeno isolado no espaço e no tempo: é acontecimento vivo para o espírito humano.

Cristo-Homem veio plasmar o Homem-Cristo.

Há quem enxergue no Cristianismo a simples apologia do sofrimento. Acusam-no pensadores e filósofos vários, tachando-o em oposição à beleza e à alegria. Para eles, Jerusalém teria asfixiado a felicidade e o encanto da vida, a fluir vitoriosa e serena nos ajuntamentos da Grécia e de Roma.

Falando à Terra | Evangelho

Antes do Mestre, a única beleza espiritual, geralmente conhecida, era aquela das virtudes filosóficas e políticas que o homem representativo da escola, da justiça ou do poder mantinha, valoroso, até à morte.

Com exceção de Çakya-Muni, o príncipe sublime que se retirou do mundo convencional para viver pelos seus semelhantes, os grandes heróis do pensamento aceitam a perseguição e o extermínio, mas, é força reconhecê-lo, com a vaidade dos triunfadores.

Bebem cicuta ou abrem as próprias veias, ilhados na fortaleza da superioridade individual. Sócrates é o filosofo sublime, confortado pela solidariedade dos discípulos. Sêneca é o professor honrado, que estimula com o sacrifício de si mesmo a indignação contra a tirania.

Com Jesus, a renunciação é diferente.

O Divino Crucificado sobe ao Calvário sem o apoio dos amigos. Suas últimas palavras são dirigidas a um ladrão. Sua morte não exalta o orgulho de um grupo, nem constitui incentivo à revolta. A ordem que lhe escapa do excelso comando é a de servir sem desfalecimento, com obrigações de amor, perdão e auxílio constantes, ainda aos inimigos. Seu olhar, do cimo da cruz, abarca o mundo inteiro.

Com Ele começa a agir o escopro do verdadeiro bem, operando sobre a dureza da animalidade o gradual aperfeiçoamento da alma divina.

As chagas que lhe cobrem o corpo representam o louvor ao trabalho de aprimoramento e elevação do Espírito, iniciando a era de legítima fraternidade entre os homens.

O Evangelho é, por isso, o viveiro celeste para a criação de consciências sublimadas.

Nasce a mente na carne e nela renasce, inúmeras vezes, buscando o sagrado objetivo do seu engrandecimento. E no intricado jogo das experiências compreende na dor o instrumento ideal da santificação. Recebendo os séculos por dias preciosos e rápidos de serviço, enceta a gloriosa carreira, com a juvenilidade da razão, amadurecendo-se na ciência e na virtude, através de reencarnações numerosas.

Conquista-se, sacrificando-se.

Quanto mais fornece de si em trabalho vantajoso a todos, mais se enriquece no mealheiro individual. Quanto mais distribui em amor, mais recebe em poder.

Supera-se, quebrando limitações, doando o bem pelo mal, a simpatia pela aversão, a claridade pela sombra.

A Boa-Nova oferece as medidas espirituais para que se atinjam as dimensões da vida genuinamente cristã, nas quais desfere o Espírito excelso voo para as Esferas Resplandecentes.

A carne é a sagrada retorta em que nos demoramos nos processos de alquimia santificadora, transubstanciando paixões e sentimentos ao calor das circunstâncias que o tempo gera e desfaz.

Cada ensinamento do Mestre, efetivamente aplicado, é específico redentor, brunindo a alma imperecível, tornando-a em obra viva de estatuária divina.

O que nos parece dor, é bênção.

O que se nos afigura sofrimento, é socorro.

Falando à Terra | Evangelho

Onde choramos com o espinho, recolhemos uma lição.

Daí o motivo de se escudarem os emissários de nosso plano na predicação de Jesus, desvelando aos homens os pórticos sublimes da era nova.

Quando fixarmos nas páginas vivas do próprio ser os ensinos do Cristo, afeiçoando-nos automaticamente a eles, tanto quanto se nos adaptam os pulmões ao ar que respiramos, habilitar-nos-emos ao programa de ação dos anjos, por enquanto incompreensível à nossa inteligência.

Renascimento e morte no patrimônio físico são simples acidentes da vida espiritual progressiva e eterna.

Quando o homem termina o repasto da ilusão, aqui ou ali, perguntas milenárias lhe acodem, precípites, à mente insatisfeita.

Donde venho? Para onde vou? Qual a finalidade do destino? Por que a lágrima? – interroga, aflito, com ânsias análogas a de todos os vanguardeiros da vida superior que tiveram a coragem de partir, antes dele, para os cimos da imortalidade.

Quando o aprendiz indaga, experimentando autêntica sede da verdade, é, sem dúvida, chegado o momento iluminativo do Mestre.

Sem Jesus, que nos confere sublime resposta aos enigmas do caminho, converter-se-ia a existência em labirinto inextricável de padecimentos inúteis.

O além é a continuação do aquém.

Um século sucede-se a outro.

O filho é o herdeiro dos pais.

Francisco Cândido Xavier | Francisco do Monte Alverne

Não existe milagre.

Há lei, evolução, crescimento e trabalho com o prêmio da sublimação ao esforço.

O simples intercâmbio com a vida espiritual nada mais é que mera permuta de valores para estimular a experiência comum. Mas toda vez que encontrarmos o Evangelho do Senhor inspirando a renovação de nossa atitude pessoal, à frente do mundo, guardemos a certeza de que nos achamos em comunhão frutífera com a bendita claridade do Caminho, da Verdade e da Vida.

8 O ensinamento

ANDRÉ DE CRISTO

Fala a criatura ao Criador, na oração. Fala o Criador à criatura, na pregação.

A linguagem do louvor, ou da súplica, sobe da Terra. A palavra de consolo, ou de advertência, desce das Alturas.

Há muitos que invectivam o pregador de existência claudicante e repelem a mensagem divina, esquecidos de que eles mesmos alimentam o corpo com os frutos da Natureza, criados nas adjacências da lama.

Deus, que desabotoa flores perfumadas no pântano, pode colocar as glórias da revelação em lábios ainda impuros.

Ninguém saborearia as folhas tenras da alface à mesa festiva, com a mente voltada para os vermes da horta.

O cântaro lodoso pode recolher a água cristalina da chuva, para socorrer o viajor alquebrado pela canícula.

Não desprezemos, por bagatelas da carne ambulante e frágil, os dons da luz eterna.

As notícias do Reino Divino podem chegar até nós por intermédio das inteligências mergulhadas nas trevas, assim como os relâmpagos de clarão deslumbrante faíscam dentro da noite escura.

Importa, em todos os lugares e em tudo, ver o melhor e escolher a boa parte.

A frase que acende em nós a flama da virtude ou que nos inclina à meditação, que nos torna o sentimento mais doce e o raciocínio mais elevado, é uma flor celeste, desabrochando no tronco do nosso pensamento inferior e primitivo, por miraculoso processo de enxertia divina.

"Aquele que julga estar de pé, olhe, não caia" – disse o apóstolo Paulo; e o apóstolo Tiago assevera à cristandade: – "Toda boa dádiva vem do Alto".

Que possuirá o homem de excelente, que lhe não tenha sido prodigalizado de Cima?

Ainda mesmo quando na boca de um criminoso confesso, a palavra do bem é fruto precioso do amor de Deus, amadurecido nos galhos tristes do arrependimento humano.

Em todos os tempos e em todos os círculos de atividade comum, a argumentação restauradora e santificante da fé representa a conversação do Pai com os filhos, entre a misericórdia e a necessidade.

Ninguém se suponha esquecido pelo Senhor, porque o Senhor nos dirige a palavra, através de todo verbo construtivo que nos leve ao bem.

"O pão nosso de cada dia, dá-nos hoje" – afirma a prece dominical.

Mal avisados viveríamos se nos julgássemos precisados tão só de viandas fortalecedoras do corpo em trânsito para as cinzas do túmulo. Referia-se Jesus, muito mais, ao pão espiritual do coração e da consciência, no santuário da alma que nunca morre, pão que é alimento da palavra enobrecedora, do esclarecimento digno, da cultura edificante e da elevação divina.

Onde luzir o verbo da bondade que auxilia e educa, aí se reflete, magnânima, a voz da Providência.

Cada vez que implorarmos os favores do Altíssimo, não nos esqueçam os recados e os avisos, as lições e as advertências que havemos recebido do Amoroso Senhor.

9 Definição

Leopoldo Fróis

Disse alguém que a permanência na Terra é semelhante a um baile de máscaras, em que alguns entram, enquanto outros saem.

Para mim, no entanto, que me consagrei ao teatro na última romagem por aí, suponho mais razoável a comparação do mundo a velho e sempre novo cenário, onde representamos nossos papeis, ensaiando para exercer funções gloriosas de almas conscientes na eternidade.

Cada existência é uma parte no drama evolutivo. Cada corpo é um traje provisório, e cada profissão uma experiência rápida.

A vida é a peça importante.

O período de tempo, que medeia entre uma entrada pelo berço e uma saída pelo túmulo, é precisamente um ato para cada um de nós no conjunto.

Muito importante é a arte de viver cada qual o seu próprio papel.

Falando à Terra | Definição

Há lamentáveis distúrbios, no elenco e na plateia, sempre que um dos artistas invada as atribuições do colega no argumento a ser vivido no palco, sobrevindo verdadeiras calamidades, com desagradável perda de tempo, em todas as ocasiões em que se despreze aquela norma.

A representação reclama inteligência, fidelidade, firmeza, emoção e eficiência, com aproveitamento integral dos lances psicológicos, e alta capacidade de autocrítica.

Nunca chorar no instante de rir e jamais sorrir no momento das lágrimas.

Providenciar tudo a tempo.

Tonalizar a voz e medir os gestos, para não converter a tragédia em truanice; respeitar as convenções estabelecidas, a fim de que o artista não desça da galeria do astro ao terreiro do bufão.

Segundo o parecer dos sensatos homens da antiguidade, o sapateiro não se deve exceder no salão do pintor, e o pintor, a seu turno, precisa comedir-se na tenda do sapateiro.

Encarnando um juiz, um político, um sacerdote, um beletrista, um negociante ou um operário, não será aconselhável apresentarmos obra muito diferente do trabalho daqueles que nos precederam, investidos em obrigações idênticas: correríamos o risco da excentricidade e do apedrejamento.

Compete ao nosso bom senso talhar o figurino, tendendo para o melhor, sem escandalizar, contudo, os moldes anteriores.

Francisco Cândido Xavier | Leopoldo Fróis

O comerciante não deve absorver o papel do filósofo, embora o admire e lhe siga as regras. O homem de ideias, por sua vez, não deve furtar o papel do mercador, apesar de convidá-lo à meditação.

Atulhando o edifício em que funciona o teatro, há sempre grande massa de bonecos, no almoxarifado da instituição. É a turba compacta de pessoas que nada fazem pela própria cabeça, constituída por ociosos de todos os feitios, a formarem o *grand-guignol* da vida comum, habitualmente manejados por hábeis ventríloquos da inteligência.

E, enchendo o subterrâneo ou cercando as gambiarras e os tangões, temos o exército dos que arrastam escadas e pedras, móveis e cortinas, na qualidade de tecelões do verdadeiro urdimento para as mutações necessárias. São eles os Espíritos acovardados ou preguiçosos, que renunciam ao ato de escolher o próprio caminho e que abominam o conhecimento, a elevação e a aventura, entronizando o comodismo em ídolo de suas paixões enfermiças. Demoram-se longo tempo na imbecilidade e na teimosia, suportando pesos atrozes pela compreensão deficiente.

No proscênio, focalizados por luzes de grande efeito, movimentam-se os atores e as atrizes da ação principal. São pessoas que se impõem no palco vivo. Discutem. Apaixonam-se. Gritam. Criam emoções para os outros e para si mesmos. Agitam-se, imponentes, na grandeza ou na miséria, na glória ou na decadência. Respiram, conscientes da missão que lhes cabe.

Falando à Terra | Definição

São geralmente calmos na direção e persistentes na ação. Transitam, através dos bastidores, obstinados e serenos, com segurança matemática. Pronunciam frases bem meditadas, usam guarda-roupa adequado e não traem a mímica que lhes compete.

Homens e mulheres, acordados para a vida e para o mundo, caminham para os objetivos que traçaram a si mesmos. Entre eles vemos príncipes e sábios, rainhas e fadas, ricaços e pobretões, poetas e músicos, comendadores e caravaneiros, noivas e bruxas, artífices e palhaços. Com diferenças na máscara e no coração, cada um deles funciona dentro da posição que a peça lhes designa. Cada qual responde pela tarefa que lhe é peculiar.

O Espírito que, durante alguns dias, desempenhou com maldade e aspereza a função da governança, volta à mesma paisagem na situação do dirigido. O juiz que interferiu, indebitamente, no destino de muitas pessoas, regressa ao palco nalgum caso complicado, para conhecer, com mais precisão, o tribunal onde colaborou vestindo a toga, depressa restituída a outros julgadores. O operário inconformado, que se entrega à indisciplina e à rebelião, volta, às vezes, ao grande teatro da vida, exibindo o título de administrador, a fim de conhecer quantas aflições custa o ato de responsabilizar-se e dirigir. O médico distraído na ambição do lucro efêmero volve em algum catre de paralítico, de modo a refletir na importância da Medicina. Sacerdotes indiferentes ao progresso das almas retornam curtindo a desventura dos órfãos da fé. Homens endemoninhados, que atravessam a cena quais faunos bulhentos, perturbando as ninfas da virtude e impossibilitando-lhes o ministério maternal, não raro se vestem com trajes femininos e compareçam, de novo, ao palco, sabendo, agora, quanto doem na mulher o abandono e o menosprezo, a ironia e a humilhação.

O papel mais pesado é sempre aquele que se reserva aos heróis e aos santos, porque esses atores infelizes vivem cercados pelas exigências do teatro inteiro, embora, no fundo, sejam também personalidades frágeis e humanas.

O que conforta de maneira invariável é que há lugar e missão para todos. Cada criatura dá espetáculo para as demais. Entretanto, para a tranquilidade de todos, ninguém se lembra disso. E a peça vai sendo admiravelmente representada, sob recursos de supervisão que estamos muito longe de apreender.

Eis-me, pois, amigo, nestas páginas, que estimularam entre as pessoas sensatas a certeza da sobrevivência da alma.

Não tenho qualquer mensagem valiosa a enviar-lhe. Digo-lhe apenas, usando a experiência pessoal que o tempo hoje me confere, que esse mundo é, realmente, um grande teatro. Represente o seu papel com serenidade e firmeza e, decerto, você receberá tarefa mais importante no ato seguinte.

10 Voltando

Fernando de Lacerda

Precioso é o sofrimento, na floresta humana, para rasgar alguma clareira amiga por onde a luz possa penetrar nas furnas da sombra; contudo, ainda não me refiz totalmente dos choques trazidos daí, depois de minha consagração à mediunidade, por alguns anos.

Tive a felicidade de transmitir aos meus contemporâneos as notícias de vários pensadores e literatos redivivos, incorporando-as ao Espiritismo luso-brasileiro, qual o telegrafista postado à ponta do fio estendido entre os dois mundos; entretanto, guardo ainda bem vivas as marcas do sarcasmo e da perseguição que o serviço me valeu, por parte de muitas personalidades importantes, já agora recambiadas para cá, onde não mais se dispõem ao mau gosto de escarnecer a verdade.

Não é fácil entregar certas mensagens a destinatários que se voltam contra elas.

Por mais que se identifique o portador, através de palavras e atitudes a lhe positivarem a idoneidade moral, há sempre recursos multiplicados para evasivas.

Francisco Cândido Xavier | Fernando de Lacerda

Se a tarefa mediúnica representasse um manancial de ouro e de prazeres imediatos no currículo da carne, acredito que o povo se congregaria em massa, ao ruído de foguetes e ao som festivo de filarmônicas para recebê-la. O emissário da realidade, porém, não dispõe senão de palavras e de emoções para distribuir, apelando para realizações e louros, que quase toda a gente considera remotos ou inaceitáveis.

Raríssimas pessoas admitem a medicina preventiva. A maioria espera que a doença lhe desordene os nervos ou lhe apodreça a carne para se resolver, pondo a boca no mundo, a procurar clínicos ou cirurgiões.

Muito poucos, na atividade usual da Terra, se inclinam ao socorro da medicação religiosa. Detidos temporariamente nas ilusões do império celular, que se desmorona no sepulcro, passam por aí distraídos, no que tange aos interesses do espírito eterno.

Na morte, sim. Exasperam-se e choram até à prostração, lastimando-se, contudo, algo tarde. Não porque alguma vez lhes faltasse – como a ninguém falta – a Compaixão Divina: a paciência do Pai é inexaurível. É que se postergam, nas circunstâncias da luta terrena e nos quadros da parentela consanguínea, as valiosas oportunidades de mais amplo serviço.

O ensejo de aprender, corrigir, restaurar e auxiliar é indefinidamente adiado.

Indispensável se torna aguardar outra época, outros meios e reajustes.

Falando à Terra | Voltando

O chamado "homem prático" ainda se assemelha, em diversas tendências, aos seres rudimentares do mundo, vivamente apaixonados pelas bactérias do solo e indiferentes à claridade solar.

Por esta razão, o serviço da mediunidade, por agora, ainda não é apetecível tentame para mim.

Compreendo que é preciso amargurar-se alguém para que outrem se alegre. Curte o cascalho a provação da fealdade, mas vive na alegria de fornecer o ouro precioso. Para nutrir-se, a célula física ainda exige no mundo a existência do matadouro. O que, no entanto, me estarrece não é o sacrifício de um homem pela melhoria dos semelhantes: é a indiferença das criaturas pensantes e responsáveis, diante da ternura e da renunciação dos amigos de Além-Mundo.

O enrijecimento e a impermeabilidade das inteligências encarnadas, com reduzidas exceções, só os podem corrigir a dedicação e o carinho dos Espíritos Superiores,

Muitas vezes aí observei a deplorável paga do bem pela ingratidão, a revolta e a vaidade a troco da humildade e da ternura.

Que sempre houve muita gente preocupada em ouvir os desencarnados não padece dúvida; mas pessoas realmente interessadas na verdade jamais encontrei, exceção feita de alguns raros amigos, considerados bonzos e loucos, quanto eu mesmo o fui.

As entidades comunicantes por meu intermédio eram admiradas, ou suportadas, sempre que lisonjeassem, confortassem ou distraíssem; mas quando tangiam as cordas da realidade no mágico instrumento da palavra, convertiam-se em demônios de mistificação ou de inconveniência.

Entre máscaras e almas, vivi perplexo e atenazado por interrogações e decepções contundentes.

Daí, talvez, a exaustão que me colheu, de súbito, em plena luta.

Meu cérebro era uma trincheira sob contínuas investidas.

De obstáculo em obstáculo, caí sobre as pedras do meu caminho, minado por intraduzível esgotamento.

Alguns companheiros verificaram, em meu drama doloroso na casa de saúde, a falência de minhas faculdades, acreditando-me desprezado pelos amigos espirituais. Na verdade, porém, os mensageiros da luz não me haviam abandonado. Quando se inutiliza o filamento frágil de uma lâmpada, assim fazendo o aposento às escuras, isso não quer dizer que a usina geradora de força houvesse deixado de existir. Os vexilários da causa de Jesus eram excessivamente bondosos para não desculparem a insignificância e a pobreza do amigo que lhes acompanhava as pegadas na romagem difícil.

Ainda que me fosse dado cumprir todos os deveres que a mediunidade me indicava ou impunha, sentir-me-ia efetivamente pequenino e derrotado perante a magnitude da ideia que me cabia servir.

Creia, porém, que a minha desencarnação, em dificuldades prementes, depois de haver conquistado vasta corte de amizades e relações em Portugal e no Brasil, traz-me à lembrança curiosa narrativa de um amigo, a propósito de esquecido adivinho do povo de Israel.

Ao tempo dos Juízes, apareceu um homem inteligente e prestativo nas cercanias de Jerusalém, que era procurado por centenas de pessoas todas as semanas. Sacerdotes e instrutores, políticos e negociantes, cavalheiros e damas de prol vinham ouvir-lhe a palavra inspirada e reveladora.

Tamanha era a movimentação popular, ao redor dele, que de maneira nenhuma lhe era permitido cuidar do seu interesse e sustento. Mal conseguia repousar, apenas algumas horas escassas, quando a noite adormentava os inquietos consulentes de toda parte.

E os grandes homens da raça, porque se sentissem na presença de missionário incomum, começaram a encher-lhe o nome de títulos imponentes e a enfeitar-lhe o peito com medalhas diversas. Era considerado o mensageiro de Jeová, o sucessor de Moisés, o profeta dos profetas, o emissário da verdade, o revelador do oculto, o médico infalível e o sábio protetor do povo.

Rara a semana em que solene comissão não lhe procurasse o lar, trazendo-lhe novas comendas e homenagens, papiros comovedores e honrosas felicitações.

O mago maravilhoso e incompreendido, sorridente e valoroso, definhava, incapaz de uma reação, parecendo cada vez mais pálido e abatido, até que, um dia, foi encontrado morto em seu singelo montão de palha.

Ante os clamores públicos, um médico foi chamado à pressa, a fim de verificar o acontecimento, certificando, com facilidade, que o glorioso filho de Israel morrera de fome.

Reuniu-se o conselho do *povo escolhido*, com veneráveis solenidades, e, depois de acalorados debates, concluíram os conspícuos maiorais de Jerusalém que o famoso adivinho falecera em tão deploráveis circunstâncias, em virtude de provação determinada pelo Divino Poder.

E todos esqueceram a singular personagem, guardando a consciência tranquila, tanto quanto lhes era possível.

Não desejo com a presente história constituir-me advogado em causa própria. Cada qual principia a tarefa que lhe cabe entre os homens e termina os serviços que lhe compete, de conformidade com os seus merecimentos.

O problema do médium, no entanto, é questão fundamental no Cristianismo renascente.

Em quase toda parte há uma tendência positiva para a fiscalização ou para tomar conta da criatura que as circunstâncias apresentam por veículo de comunicação entre os dois planos. Raros medianeiros, por isso, terminaram o ministério com a galhardia e a segurança que deles se deveria esperar. Logo depois de encetada a marcha, retornam aos pontos de origem ou se perdem nos vastos espinheirais da desilusão, após tentarem a fuga do caminho reto, atendendo às sugestões das zonas inferiores.

Mas, se é justo dar onde exigimos, se é imperioso auxiliar onde somos auxiliados, se protegemos o canteiro de legumes para que estes nos não faltem à mesa, se providenciamos a devida instrução para o moço de recados que desejamos converter em colaborador do escritório, por que motivo negar a piedade e o estímulo ao companheiro que se transforma em cooperador de nossa alegria e elevação na senda do Espírito?

Até que o avanço moral do planeta possibilite equações definitivas da ciência, no terreno da sobrevivência e da intervenção das almas desencarnadas no círculo terrestre, o médium será a "cabeça de ponte" do Mundo Espiritual entre os homens, solicitando compreensão, solidariedade e incentivo para funcionar com a eficiência precisa.

A questão é, pois, das mais delicadas. Como será resolvida, não sei.

É assunto, porém, de imediato interesse para o ideal que esposamos e para a coletividade a que servimos, achando-se naturalmente sob a responsabilidade dos homens encarnados, que para ele necessitam voltar olhos amigos.

Deus dá a semente e o clima, a água e o solo; quem dirige, porém, o arado e sustenta a lavoura, esse é o próprio homem, herdeiro e usufrutuário dos benefícios da Terra.

Que o Céu nos ajude a vencer as dificuldades, a fim de que a evolução permaneça baseada nas palavras do Senhor: "Misericórdia quero e não sacrifício".

11 Notícias

Abel Gomes

Sempre acreditei na necessidade de falarmos à mente do povo, acerca dos acontecimentos além do túmulo, com a simplicidade possível, de modo a combatermos a ilusão que cobre os fenômenos da morte, em todas as latitudes.

A cerimônia dos funerais e o convencionalismo do velório dificultam, sobremaneira, a nossa cruzada de libertação mental.

O catafalco, o crepe escuro, as velas acesas e os cantos lúgubres, usados pela Igreja que há séculos nos preside a cultura sentimental, imprimem tamanhas características de terror na alma recém-desencarnada, que somente alguns poucos Espíritos treinados no conhecimento superior conseguem evitar as deprimentes crises de medo que, em muitos casos, perduram por longo tempo.

Mentiríamos, asseverando que a transição é serviço rotineiro para todos.

Cada qual, como acontece no nascimento, tem a sua porta adequada para ausentar-se do plano físico.

Falando à Terra | Notícias

Na existência do corpo, começamos ou recomeçamos determinado serviço. Além da sepultura, continuamos a boa obra encetada ou somos escravos do mal que praticamos na Terra. Por isto, o estado mental é muito importante nas condições da matéria rarefeita que a criatura passa a habitar, logo depois de abandonar o carro fisiológico.

Incontáveis pessoas, por deficiência de educação do "eu", agarram-se aos remanescentes do corpo, com a obstinação de estulto viajante que, pelo receio do desconhecido ou pela incapacidade de usar as próprias pernas, pretendesse inutilmente reerguer na estrada a cavalgadura morta.

Mas o número de almas perturbadas de outro modo é infinitamente maior. Não se apegam ao cadáver putrefato, mas demoram na paisagem doméstica, onde se desvencilharam das células enfermas, conservando ilusões ou sofrimentos intraduzíveis.

Muitos que se abandonaram à moléstia, fortalecendo-a e acariciando-a, mais por fugir aos deveres que a vida lhes reserva do que por devoção e fidelidade aos Desígnios Divinos, fixam longamente sintomas e defeitos, desequilíbrios ou chagas na matéria sensível e plástica do organismo espiritual, experimentando sérias dificuldades para extirpá-los.

Almas desse naipe, desalentadas e oprimidas, podem ser enumeradas aos milhares, em qualquer região dos círculos sutis que marginam a zona de trabalho, em que se delimita a ação dos homens encarnados. Quando possível, são internadas em grandes e complexas organizações

Francisco Cândido Xavier | Abel Gomes

hospitalares, quase que justapostas ao plano terrestre comum; entretanto, é preciso reconhecer que milhares delas se mantêm dentro de linhas mentais infra-humanas, rebeldes a qualquer processo de renovação. Muitas permanecem, em profundo desânimo, nos recintos domésticos em que transitaram por alguns anos consecutivos, detendo-se nos hábitos arraigados da casa e inalando substâncias vivas do ambiente que lhes é familiar, sem coragem de ir adiante. Quando mostrem sinais de transformação benéfica, são, de imediato, aceitas em instituições educativas nas adjacências da Terra, patenteando melhoria nas manifestações exteriores, à maneira que se renovam por dentro, no que condiga com o sentimento, a atitude e a boa vontade no apreender os ensinos recebidos, nas tarefas de autoaperfeiçoamento. Custam a modificar conceitos e opiniões, mantendo-se como que paralíticas do entendimento, de vez que, estancando as energias da imaginação nos quadros terrenos, dos quais, entretanto, já se desligaram, são verdadeiros dementes para a vida espiritual, como seriam loucos para o mundo os homens que reencarnassem com a memória integralmente presa aos acontecimentos, às pessoas e às coisas do pretérito.

Tais Espíritos perambulam entre as criaturas encarnadas quais se fossem sonâmbulos, vivendo pesadelos e sonhos como sendo realidades absolutas, porquanto a onda mental que lhes verte das preocupações se expressa em movimento de recuo, em busca do passado a que se imantam e no qual focalizam a consciência.

Falando à Terra | Notícias

Nessas retrospecções, assemelha-se a alma a um proprietário de importante prédio de muitos andares, que preferisse viver no subterrâneo, na intimidade de fósseis estranhos e horripilantes do subsolo, repentina e temporariamente convertidos em legião imensa de fantasmas que o poder da evocação traz novamente à vida. Presa das próprias criações mentais monstruosas e perturbadoras, enreda-se, às vezes por muito tempo, no cipoal dos seus pensamentos selvagens ou indisciplinados, atravessando aflições indizíveis, qual homem que, em sono profundo, suando e chorando sob padecimentos inomináveis da mente, crê estar num largo círculo de tortura.

Os orientadores dos princípios filosóficos ou religiosos afirmam que cada individualidade vive no mundo que lhe é peculiar, isto é, cada mente vive o tipo de vida patível com o seu estádio, avançado ou atrasado, na marcha evolutiva.

As inteligências aqui se agrupam segundo os impositivos da afinidade, vale dizer, consoante a onda mental, ou frequência vibratória, em que se encontram.

Tenho visitado vastas colônias representativas de civilizações há muito tempo extintas para a observação terrestre. Costumes, artes e fenômenos linguísticos podem ser estudados, com admiráveis minudências, nas raízes que os produziram no tempo.

A alma liberta adianta-se sem apego à retaguarda, esquecendo antigas fórmulas, como o pinto que estraçalha e olvida o ovo em que nasceu, abandonando o envoltório inútil e constritor em busca do oxigênio livre e do largo horizonte, na consolidação das suas asas; em contraposição, existem milhões de Espíritos, apaixonados pela forma, que se obstinam naquelas colônias, por muito tempo, até que abalos afetivos ou conscienciais os constranjam à frente ou ao renascimento no campo físico.

Cada tipo de mente vive na dimensão com que se harmonize.

Não há surpresa para a ciência comum, neste enunciado, porquanto, mesmo na Terra, muitas vezes, numa só área reduzida vivem o cristal e a árvore, a ameba e o pulgão, o peixe e o batráquio, o réptil e a formiga, o cão e a ave, o homem rude e o homem civilizado, respirando o mesmo oxigênio, alimentando-se de elementos químicos idênticos, e cada qual em mundo à parte.

Além daqueles que sofrem deformidades psíquicas deploráveis, manifestadas no tecido sutil do corpo espiritual, não é difícil encontrarmos personalidades diversas, sem a capa física, vivendo mentalmente em épocas distanciadas. Habitualmente se reúnem aqueles que lhes comungam as ideias e as lembranças, formando com recordações estagnadas a moldura nevoenta dos quadros íntimos em que vivem, a plasmarem paisagens muito semelhantes às que o grande vidente florentino descreveu na *Divina comédia*.

Há infernos purgatoriais de muitas categorias. Correspondem à forma de pesadelo ou de remorso que a alma criou para si mesma.

Tais organizações, que obedecem à densidade mental dos seres que as compõem, são compreensíveis e justas.

Onde há milhares de criaturas humanas, clamando contra si mesmas, chocadas pelas imagens e gritos da consciência, criando quadros aflitivos e dolorosos, o pavor e o sofrimento fazem domicílio.

Aqui, as leis magnéticas se exprimem de maneira positiva e simples.

Aí, no mundo, vemos inúmeras pessoas com presença imaginária nos lugares a que compareçam. Na verdade, apenas se encontram em determinada parte sob o ponto de vista físico: a mente, com a quase totalidade de suas forças, vagueia longe.

Depois da morte, porém, livre de certos princípios de gravitação que atuam, na experiência carnal, contra a fácil exteriorização do desejo, a criatura alia-se ao objeto de suas paixões.

Assim é que surpreendemos entidades fortemente ligadas umas às outras, através de fios magnéticos, nos mais escuros vales de padecimento regenerativo, expiando o ódio que as acumpliciaram no vício ou no crime. Outras, que perseveram no remorso pelos delitos praticados, improvisam, elas mesmas, com as faculdades criadoras da imaginação, os instrumentos de castigo dos quais se sentem merecedoras.

Antigo sertanejo de minha zona, que impunha serviço sacrificial aos seus empregados de campo, mais por ambição de lucro fácil na exploração intensiva da terra que por amor ao trabalho, deixou recheados cofres aos filhos e netos; mas, transportado à esfera imediata e ouvindo grande número de vozes que o acusavam, tomou-se de tão grande arrependimento e de tão viva compunção, que plasmou, ele mesmo, uma enxada gigantesca, agrilhoando-a às próprias mãos, com a qual atravessou longos anos de serviço, em comunhão com espíritos primitivos da Natureza, punindo-se e aprendendo o preço do abuso na autoridade. Orgulhosa dama, que conheci pessoalmente e a quem humilde e honrada família deve a morte de nobre mulher, vitimada pela calúnia, em desencarnando e conhecendo a extensão do mal que causara, adquiriu para si o suplício da vítima, por intermédio do remorso profundo em que se mergulhou, estacionando por mais de dois lustros em sofrimento indescritível.

A matéria mental, energia cuja existência mal começamos a perceber, obedece a impulsos da consciência mais do que possamos calcular.

A paz é realmente daqueles que a possuem no recesso do ser.

O pecado é filho do conhecimento e da responsabilidade perante a Lei.

A culpa e o mérito crescem, quando o discernimento se desenvolve.

Os famosos padecimentos de Tântalo, o rei lendário, esfomeado e sedento, além do túmulo, não constituem meros símbolos mitológicos. Há poderes mentais, de que ainda não possuímos senão leve notícia, que estabelecem certos estados d'alma e nos sustentam, muita vez, por decênios ou séculos.

Criminosos, detidos na visão de pavorosas imagens que pintaram na vida íntima; traidores, de pensamento fixo na contemplação da paisagem onde lobrigaram as suas vítimas pela última vez; caluniadores, estagnados no delito que cometeram; e toda uma multidão de entidades, que conservam resíduos de lembranças deploráveis na consciência, gastam anos e anos na operação a que poderíamos chamar decantação interior das emoções escuras e violentas.

Grande parte de semelhantes remanescentes da luta humana estacionam nos próprios lares em que desencarnaram, presos às lágrimas, aos desvarios ou aos pensamentos de amargura e revolta, de tristeza ou indisciplina daqueles que lhes partilharam as experiências, e nutrem-se, como vampiros naturais, no organismo doméstico.

Ninguém está no âmago do Céu ou do Inferno, mas na intimidade de si mesmo, com as figurações que estabeleceu no mundo vivo da própria mente.

O corpo espiritual é ainda tão desconhecido à ciência comum, quanto a refinada cultura humana, levada ao máximo nas grandes celebrações da atualidade, é ignorada pelo homem primitivo, ainda aglutinado ao espírito tribal.

A morte nos situa à frente de complexidades imensas, nos domínios da mente, e, para solucionar os problemas de ordem imediata, nesse campo de incógnitas vastíssimas, somente encontraremos na prática dos ensinamentos de Jesus a sublimação necessária ao equilíbrio íntimo de que carecemos para mais amplos voos no conhecimento e na virtude, forças básicas para as realizações mais altas na dinâmica do Espírito.

Volumosa percentagem dos milhares de pessoas que desencarnam, hora a hora, no planeta, permanece, por vezes, muitos anos consecutivos, ao lado de parentes na consanguinidade, porque é na experiência do lar que deixamos maior número de obrigações não cumpridas.

No microcosmo da família, em muitas ocasiões, temos representantes significativos de nossos adversários do pretérito. Almas vigorosas na incompreensão, na dureza, na ingratidão e na hostilidade passiva, aí se encontram ombreando conosco, na lide cotidiana, disfarçados nos apelidos mais doces, no que concerne ao carinho.

Incontáveis individualidades discordes podem estar sob compromissos conjugais ou com os títulos de pais e mães, filhos ou irmãos. Ah! Se soubéssemos, enquanto na existência precária, da matéria densa, o valor da rendição generosa e edificante com auxílio espontâneo de nossa parte aos inimigos do passado, certo aproveitaríamos todas as oportunidades para exercer o entendimento fraterno que o Mestre nos recomendou.

É no seio da organização doméstica que somos tentados à disputa mais longa, ao ciúme mais entranhado, à rebeldia mais impermeável e às aversões mais fundas.

Falando à Terra | Notícias

Fácil será sempre desculpar as ofensas do mundo vasto, esquecer a maledicência dos que nos não conhecem e perdoar as pedras do torvelinho social. Mas, em casa, na comunhão com aqueles cuja vida partilhamos na sucessão dos dias numerosos, a ciência do amor espiritual é muito difícil de aprender.

Em razão disto, depois da morte, percebendo a importância de nossa harmonização em pensamento com certas criaturas de nosso séquito familiar, voluntariamente nos consagramos a retificar atitudes errôneas, adotadas no curso de nossas tarefas interrompidas no túmulo, auxiliando aqueles por quem nutríamos animadversão declarada, para que não arremessem sobre nós os raios da malquerença destrutiva.

A sementeira de simpatia é impositivo precípuo, a que nossa paz se condiciona.

Todos os deveres cumpridos no seio doméstico significam ingresso no apostolado pela redenção humana.

Os raros homens e mulheres que se ausentam do mundo, conservando uma consciência tranquila para com os parentes e afeiçoados, penetram, de imediato, em missões mais amplas no auxílio à Humanidade.

Em se tratando, porém, de Espíritos que, além de não haverem cumprido os deveres que lhes competem, junto à família consanguínea, se extraviaram, ainda, em delitos deploráveis, esses, quando acordam para o arrependimento construtivo, são aproveitados na assistência laboriosa a criminosos, junto aos quais encontram caminho aberto a valiosas intercessões.

Deste modo, vemos muitos malfeitores desencarnados em trabalho ingente, buscando amparar delinquentes confessos, arrebatando-os da aventura maligna para o serviço honesto; reparamos homicidas, tocados de remorso, procurando desviar o pensamento negro de cérebros desvairados pela revolta ou pela insubmissão, anulando crimes em tecedura, e observamos mulheres que a leviandade venceu, em outro tempo, empenhadas em socorrer corações femininos, à beira de precipícios imensos...

Esses batalhadores improvisados não operam exclusivamente nos círculos da carne, mas também nas zonas imediatas à vida terrestre, reconfortando mentes sofredoras ou corrigindo-lhes as perturbações hauridas nas correntes tenebrosas do mal. Entidades ainda não aperfeiçoadas, mas inclinadas ao bem, estendem braços fortes aos filhos da ignorância e do sofrimento que tendem para a perversidade manifesta, adestrando-se no manejo das armas luminosas do amor e da humildade, que lhes eram desconhecidas. Inúmeras pessoas, interessadas na aquisição do progresso moral, compreendendo a importância da elevação íntima, consagram-se, além do sepulcro, a enobrecedoras tarefas de renunciação em favor das almas caídas em baixo padrão de sentimento, conseguindo, assim, preciosas oportunidades de ação, em benefício do próprio reajustamento.

Não há queda absoluta para o Espírito. Há descida no campo das emoções, com a consequente perda de visão mais vasta e de felicidade mais segura, temporariamente.

Falando à Terra | Notícias

Há, porém, reajuste para a subida necessária, e, desde que um raio de boa vontade, bruxuleante embora, surja no imo do Espírito que se crê falido, aparecem, de imediato, as possibilidades imprescindíveis à restauração.

Aquele que se precipita no mal e não se levanta, erra duas vezes, porque a inércia na retificação é, muita vez, um pecado maior que a ofensa.

Nosso problema fundamental de consciência é de paz com todos, servindo a todos para crescermos em nós, à frente da Vida Infinita; quando despertamos para semelhante realidade, a experiência se modifica dentro de nós mesmos, nos mais recônditos alicerces da vida.

Quando, porém, recordamos que há uma justiça imanente funcionando em nossa organização espiritual mais profunda, e, de acordo com os seus princípios, retificamos nossas faltas, enquanto nos demoramos na experiência terrestre, usando aguilhões da disciplina e recursos de corrigenda contra os nossos próprios caprichos, os mínimos impulsos benéficos, a que nos dedicamos, são por essa mesma justiça, recompensados, e a Compaixão Divina, através de mil modos diferentes, se mistura ao rigor das leis, em nosso benefício. Chegados a essa condição, reconhecemos que ainda o mais leve, mas perseverante pensamento de amor, produz alegrias e bênçãos em multiplicação imprevisível, tal qual uma só semente de árvore protetora frutifica no bem por tempo indeterminado.

Se, além da morte do corpo, é nossa mente amadurecida e mais sutil, incorporados à individualidade eterna todos os valores que a luta humana seja capaz de fornecer-nos, então, somos naturalmente conduzidos por devotados orientadores espirituais a centros de cultura avançada, aperfeiçoando-se-nos as qualidades de inteligência e de coração em novos círculos de serviço mais nobre, nos quais a matéria se expressa em tipos sublimados nas menores manifestações.

Para isto, no entanto, é necessário estejam nossas energias e tendências voltadas para a vida superior, com esquecimento de tudo o que signifique exclusivismo no grande caminho.

A alma, a essa altura, viverá desligada dos interesses imediatos da existência carnal, ainda mesmo em se tratando de preferências afetivas nas alianças pessoais; adejará na luz do verdadeiro amor, agora, porém, no clima da grande compreensão, em referência aos entes amados que se demoram na retaguarda. Suas paixões mais ardentes estarão transformadas na própria sublimação, e seus caprichos individuais substituídos por objetivos humanos, ligados ao progresso comum.

Por esta razão, porque já se afeiçoa à alegria de todos, como sendo a sua própria, sem artificialismo e sem sacrifício, habilita-se a viver em comunhão real com extensos agrupamentos de criaturas que se afinam com as suas ideias, sentimentos e manifestações.

Vive dentro da comunidade e produz com ela, sem a preocupação de vantagens isoladas, de modo algo semelhante à abelha que entrega o fruto do seu esforço

Falando à Terra | Notícias

à colmeia, anexando-o automaticamente à obra geral, guardando embora a individualidade e assinalando-se por valores intrínsecos, nos quadros do trabalho e do merecimento.

Assim é que vemos compactas assembleias de lidadores dos planos mais altos, em respeitáveis associações para empreendimentos e serviços mútuos, nos variados campos da ciência e da arte; tal vida, com atividades coletivas, só se lhes tornou possível por virtude da libertação mental.

Nesses agrupamentos, imperam outros princípios para a vida em família, com excelências de moral e beleza que os círculos estreitos do homem ainda estão longe de conhecer.

Dessas congregações de gênios da bondade e do trabalho, da harmonia e da inteligência partem, para outros mundos, missões de estudiosos que se interessam pela nossa esfera.

Júpiter, Saturno, Marte e outros gigantes de aperfeiçoamento em nossa organização planetária, são visitados constantemente por esses vanguardeiros da luz e do amor, para a permuta de valores necessários ao nosso engrandecimento; em muitos casos, descem esses missionários à experiência carnal, em que desempenham altos misteres na política, na administração, na ciência e na fé religiosa, legando às criaturas sulcos de luz inapagável, nos exemplos e experiências que transmitem às gerações mais novas.

Mas, em nos referindo aqui aos vencedores, não será lícito esquecer os irmãos que se transferem para o mundo espiritual com a vitória incompleta no campo das realizações a que se consagram.

Nem todos se retiram da Terra na posição de heróis.

A perfeita sublimação é obra dos séculos incessantes.

Notamos, em toda parte, homens e mulheres de boa vontade inequívoca na aceitação das verdades divinas e que, no entanto, não conseguem aplicá-las, de pronto ou de todo, à própria vida.

Aqui, vemos companheiros que já conseguem livrar-se dos laços asfixiantes da cobiça, na zona do dinheiro, vivendo em louvável desprendimento das posses materiais, prendendo-se, no entanto, à sexualidade, ainda incapazes de quebrar os aguilhões que os ferretoam nesse domínio; outros, aquietados em perfeita serenidade, extinguiram, na profundeza anímica, os últimos resquícios das ardentes paixões carnais, contudo, apegam-se a míseros vinténs, convertendo a vida num culto lastimável e exclusivo ao ouro que o chão reclamará. Muitos ensinam o bem, com vigor e beleza nas palavras e com atitudes e atos que os desabonam, não obstante as intenções respeitáveis que os animam, demonstrando incapacidade no reger os próprios pensamentos e desintegrando com o verbo impulsivo as boas obras que executam com as mãos. Não raros praticam o bem, mas simplesmente para com aqueles a quem se inclinam pela simpatia, negando-se a ajudar quantos lhes não penetram os círculos do agrado pessoal.

Falando à Terra | Notícias

Inúmeras pessoas se reconfortam com o ensino religioso de santificação em seu campo interior, mas o renegam na esfera de ação objetiva. Existem os que suportam o trabalho pela Humanidade, durante certo número de anos, relegando-se, em seguida, a longo período de inércia.

De todos eles, porém, toma o Governo da Vida boa conta dos serviços, pequenos ou grandes, que hajam prestado, porquanto é da Lei que até as menores sementes da nossa vida mental produzam a seu tempo.

Velho conhecido de minhas relações particulares assassinou certo companheiro de luta, em deplorável momento de insânia, e, não obstante ver-se livre da justiça humana, que o restituiu à liberdade, experimentou longo martírio da consciência dilacerada, entregando-se, por mais de quatro decênios, à caridade com trabalho ativo pelo bem do próximo.

Com semelhante procedimento, granjeou a admiração e o carinho de vários benfeitores da Espiritualidade Superior, que o acolheram, solícitos, quando afastado da experiência física, situando-o em lugar respeitável, a fim de que pudesse prosseguir na obra retificadora. Pelos fios da amizade e da colaboração que soube tecer, em volta do coração, para solucionar a seu caso, conseguiu recursos para ir ao encalço da vítima, que a insubmissão havia desterrado para fundo despenhadeiro de trevas e animalidade. Não se fez dela reconhecido, de pronto, de modo a lhe não perturbar os sentimentos, auxiliando-a a assumir a posição de simpatia necessária à receptividade dos benefícios de que era portador; e, após lutar intensivamente pela sua transformação moral, em favor do necessário alçamento, voltará às lides da carne, a fim de recebê-la nos braços paternos.

Tendo subtraído ao irmão a oportunidade de viver e lutar no campo terrestre, restituir-lhe-á o corpo perdido, ajudando-o a desenvolver-se para a educação, entre as dádivas da existência comum.

Sofrerão juntos, a princípio, quando de volta à matéria espessa, as velhas antipatias do pretérito, mas o homicida regenerado conseguiu, por seus méritos, a graça de ser pai e, nessa condição, é justo esperar-lhe a vitória porque, na qualidade de progenitor, sentirá sublime alegria em renunciar e sacrificar-se.

Quando os grandes inimigos adquirem o ensejo da convivência nos elos da consanguinidade, apreciável mérito já lhes assinala o caminho evolutivo, porquanto, sob o mesmo teto, quando aceitam os imperativos do verdadeiro amor, podem solidificar os alicerces da perfeita união.

Quem conquistou o dom de ajudar, sem pedir remuneração, penetrou o caminho de acesso efetivo à Espiritualidade Superior.

O crime passional do amigo a que me reporto não lhe valeu o inferno sem-fim, segundo ensina a antiga teologia, mas custou-lhe vastíssimos padecimentos, em benefício do reajuste, com enorme despesa de tempo, de vez que, se houvesse suportado o adversário, com paciência, prescindiria de tantas e tão longas canseiras de reparação.

Lembro-me aqui, igualmente, de velho lidador que se rodeou de muitos servidores, dos quais reclamava

Falando à Terra | Notícias

obediência passiva, embora prestando incontestáveis benefícios à paisagem que o viu renascer.

Amparou a terra e estabeleceu para as gerações mais novas a instrução rudimentar, com o que instituiu grandes vantagens para muitas almas, atraindo a simpatia de vários benfeitores do Plano Superior; mas era demasiado cruel para com as criaturas que presumia inferiores. E, em razão disso, instalou, com a autoridade de que dispunha, condenável sistema de punição para trabalhadores que julgava relapsos. Com a medida infeliz, alguns servos se viram depressa minados pela tuberculose fatal. Invocada por suas exigências, a morte visitou-lhe a propriedade, ceifando existências diversas e perturbando muitos programas da Direção Mais Alta para o futuro. Atingindo a esfera espiritual, viu-se pungido de acerbo remorso, mas, se errara por um lado, exagerando o castigo a homens pobres, que ele não socorrera nem educara suficientemente, colaborara com segurança e decisão por um padrão mais elevado de vida, no círculo que o vira renascer, fazendo quanto lhe era possível pelo progresso comum.

Suas qualidades nobres acusavam *superavit* sobre as imperfeições, e o Governo Superior concedeu-lhe uma reencarnação expressiva, em que lhe será facultado um título de médico, através do qual pretende o velho lidador consagrar-se aos corpos doentes, muito especialmente no que se refere à tisiologia, aprendendo a ajudar aos companheiros de luta humana e amenizando o próprio coração.

Francisco Cândido Xavier | Abel Gomes

A vida é uma corrente sagrada de elos perfeitos que vai do campo subatômico até Deus, e, cada vez que, impenitentes ou distraídos, lhe dilaceramos a harmonia, despendemos força, habilidade e tempo no reajuste.

À maneira que nos desenvolvemos em sabedoria e amor, consideramos a perda dos minutos como sendo a mais lastimável e ruinosa de todas.

Dolorosa é a estagnação para quem acorda em plena jornada; e, compreendendo-se que a responsabilidade corre paralela ao conhecimento, o serviço de reestruturação nem sempre é fácil ou acessível.

Ninguém se suponha, contudo, deserdado ou esquecido, nem acredite se cifre na morte do corpo a definitiva solução dos problemas do Espírito.

Continuamos aprendendo e progredindo, além da decomposição do corpo carnal.

Em qualquer lugar e sob quaisquer condições, estamos dentro da Eternidade.

Guardamos, cada dia, a colheita dos recursos e das emoções que estamos realmente plantando.

Não existe infelicidade, senão aquela que decretamos para nós mesmos.

As posições no mundo são provas ou prêmios, expiações ou experiências.

Todos possuímos créditos e todos estamos endividados, segundo as qualidades enobrecedoras e as imperfeições deprimentes, suscetíveis de serem analisadas em nossa conta pessoal.

Falando à Terra | Notícias

Além do sepulcro, onde o denso veículo abandonado é simples resíduo da alma imperecível, outras organizações associativas se levantam, nas quais a entidade humana, quando ajustada à Lei Natural do Progresso, encontra clima propício às suas aspirações de amor e às suas necessidades de estudo.

Lares de luz, ninhos abençoados de união, aguardam aqueles que se estimam e se congregam nos mesmos laços afins.

A face planetária é um todo imenso onde selvas, oceanos e desertos guardam alguns núcleos de inteligência humana civilizada, comparativamente reduzidos ante a amplitude do solo. Assim, a região que denominamos "espaço", nas vizinhanças do mundo, é um conjunto de natureza viva, acolhendo colônias de ação evolutiva, círculos de trabalho regenerador e cidades esplêndidas, onde o espírito da boa vontade e da ciência encontra largos horizontes à alegria e à pesquisa, no aprimoramento e no progresso.

Quanto mais sublimada a consciência e o coração, mais luz divina a criatura poderá refletir.

Ante o irmão, que parte na direção da experiência que nos seja desconhecida, façamos, pois, silêncio, quando não seja possível auxiliá-lo com expressões de estímulo, na certeza de que a vida é infinita e de que nossa alma é imortal.

12 Do além

Luís Gama

Indubitavelmente, a morte do corpo é uma caixa de surpresas, que nem sempre são as mais agradáveis à nossa formação.

O homem vaidoso presume-se o centro de todas as atenções em seu quadro social, nas horas rápidas da carne, e chega a se julgar herói, com direito ao respeito de todos, por força de algum serviço que lhe haja afixado o nome nas galerias da evidência; mas o ciclone da realidade sopra, impetuoso, e dá por terra com esse ídolo de pés de barro, que fragorosamente se abate do altar a que se elevou.

Desce a alma à espessa corrente do Estige humano, sorvendo o licor do esquecimento, enquanto as células físicas lhe reclamam cuidado; e, retomando lugar nas antigas fileiras de quantos se debatem no rio da ilusão, procura, com sede, o néctar da fantasia, que lhe confere simplesmente o sonho louco de transitório domínio.

Sempre a velha história do amblíope no país dos cegos. Enxergando imperfeitamente aquilo que os demais estão impossibilitados de ver, exorna a cabeça com a láurea de uma soberania ridícula, pois que, em verdade, mais cedo que supõe, é compelido a renovar os órgãos visuais para a contemplação mais justa da vida.

Antigamente, combatíamos o cativeiro e brandíamos o tacape da nossa indignação contra a megalomania escravagista. Usávamos a lâmina da palavra e fomentávamos o espírito revolucionário contra a displicência dos senhores rurais que mantinham na América o feudalismo da crueldade, pretendendo encontrar neles, com o nosso requinte de sarcasmo, os monstros infernais do chicote e da senzala, que a aristocracia do dinheiro e do poder metamorfoseava em sorridentes barões. E, ainda hoje, admitimos que não incorríamos em erro, zurzindo-lhes o costado com o látego da frase corretiva, semelhante ao cáustico que o médico, por zelo profissional, aplica numa chaga viva; entretanto, se o nosso concurso valeu, indiscutivelmente, para libertar milhares de companheiros asfixiados no tronco da humilhação ou enclausurados no quilombo da angústia, livrando-os da perseguição sistemática de capatazes impiedosos, em despertando além da morte reconhecemo-nos na situação de misérrimos escravos de nossas próprias paixões. Nós, que havíamos advogado a causa da abolição, que subíramos à tribuna para estigmatizar a maldade dos poderosos, que choráramos, expondo em público a miséria dos mais infelizes, acordávamos, por nossa vez, sob pesados grilhões.

Francisco Cândido Xavier | Luís Gama

Onde o maior grau de inconsciência? No homem que, por ignorância, procura aproveitar os braços de seu irmão para favorecer o próprio interesse, ou naquele que, embora integrado no pleno conhecimento das suas responsabilidades, se rende à tirania dos impulsos inferiores, que lhe aniquilam a vida?

Se eu pudesse voltar ao mundo, sem hesitação retomaria meus velhos sonhos de liberdade, mas não deixaria de observar os princípios enobrecedores na luta prática.

Quem não faz quanto ensina nos arraiais do bem, pode ser um sonhador, benéfico para os outros, mas infinitamente perigoso para si mesmo.

Aqui, encontrei muitos ricos que se aproveitaram de minha palavra para a reconciliação com a própria consciência, e que me estenderam fraternas mãos para meu reerguimento.

Eu era o clínico enfermo, que os doentes melhorados ou restaurados vinham auxiliar.

O homem, cuja inteligência superara o ambiente em que nascera, cuja língua dominava multidões e que esvurmara as úlceras sociais do seu tempo, vivera distanciado de si mesmo, sem coragem de aplicar aos próprios sentimentos o cautério que prescrevia à alheia conduta.

A morte, porém, é processo revelador de caracteres e corações, e hoje compreendo que, se noutro tempo era necessário delir a nódoa da escravidão nas órbitas exteriores da vida, reconheço também que o cativeiro das paixões, no mundo interno, é o domínio das trevas sobre

Falando à Terra | Do além

nós, exigindo-nos enorme capacidade de renúncia para derribá-lo, com vistas ao reassentamento dos princípios que nos sustentam o ser em função do Supremo Bem.

Agora, observo, com mais clareza, a missão do Divino Libertador.

Jesus, naturalmente, não encabeçou qualquer movimento de extinção da escravocracia de seu tempo, não porque abonasse a indébita apropriação do trabalho de muitos por alguns, mas pela extrema compaixão, que muito mais a merecem dominadores do que servos.

Aos seus olhos compassivos, aquele que repousava molemente sobre as almofadas do poder se lhe afigurava mais digno de piedade que o infortunado cativo, desfeito em copioso suor. Os mais infelizes não se encontravam nos serviços pesados do ministrar-se a alimentação, a higiene ou o ensino, mas na glória vazia dos titulares e dos libertos, impando de autoridade e de ouro, sem recursos, no entanto, para o desenvolvimento espiritual, encastelados na fortaleza da ilusão e da ignorância que a situação lhes impunha ou que os privilégios lhes outorgavam.

Escravidão! Escravidão! Quantos contrastes surpreendentes encerras! Não raro, o homem que se vale dos semelhantes para fins inconfessáveis, simplesmente estaciona, desditoso, na estrada, para favorecer o engrandecimento íntimo dos que o servem, quando não se impõe sobre os demais, arrojando-se, então, ao despenhadeiro da miserabilidade.

O progresso pede ação, luta e sacrifício.

Francisco Cândido Xavier | Luís Gama

Muitas vezes, quando supomos subir entre os homens, estamos descendo perante as leis que nos regem; ao passo que muita gente, considerada verme rastejante nos últimos degraus da torre social do mundo, está realmente em sublime processo de elevação e aperfeiçoamento.
Do Mestre imperecível profetizou Isaías:
— Nascerá como arbusto verde em terreno estéril!... Viverá na secura do chão árido, sem graça nem beleza... Asfixiado de ignomínias, caminhará sob o desprezo dos homens. Assediado pelo sarcasmo do povo, não merecerá consideração!... É que Ele suportará o fardo imenso de nossas culpas, avocando a si os nossos padecimentos. Muitos enxergarão n'Ele um homem desditoso, dobrado ao peso da cólera de Deus, mas os nossos próprios delitos é que serão úlceras dolorosas a atormentá-lo... Todavia, em suas chagas encontraremos a nossa redenção. Somos o rebanho disperso no mundo e, para congregar-nos no caminho reto, sofrerá Ele o peso de nossas iniquidades... Amargurado e ferido, não desferirá o mais leve queixume, deixando-se conduzir qual cordeiro ao sacrifício. A sua morte passará como sendo a de um malfeitor, mas, desde o momento em que oferecer a sua vida por amor a todos, verá surgir numerosa descendência e os interesses divinos encontrarão milagrosa prosperidade em suas mãos!...
O maior apostolado que o mundo conheceu foi realizado no cativeiro do serviço e da renúncia, com amor e com alegria.
Sirva-nos, deste modo, a Divina Lição.

13 Poema de mãe

ANÁLIA FRANCO

Meu filhinho:
O santuário de minh'alma acendeu todas as lâmpadas de que dispunha e adornou-se com todas as flores do jardim de minhas longas esperanças para receber-te.

Cada frase tua possui uma vibração diferente e sublime para o meu organismo espiritual e, por isto, utilizo-me hoje da vida, adaptando-me ao teu país interior, guardando a alegria e a obediência da Terra, que se move ao redor do Sol para melhor reter-lhe os divinos raios.

Antes que pousasses em meu colo, os dias eram para mim a expectativa torturante e secular em sombria furna; entretanto, quando me beijaste pela primeira vez, tudo o que era obscuro e monstruoso banhou-se de inesperada luz.

Fontes ocultas se desataram cantando, e calhaus que feriam mostraram gemas celestiais...

O pesado orvalho das lágrimas converteu-se em chuva de bênçãos, precipitando-se na terra sequiosa e fecundando divinas sementes de amor e eternidade...

Prelibei, desde então, a glória da vida, nos deliciosos segredos que a envolvem.

Celebrei-te a vinda como acontecimento máximo de minha passagem no mundo.

Renovaste-me o calendário íntimo e consolidaste novas forças no governo do meu destino, ensinando-me a louvar o Poder Celeste, portador do teu coração de luz às minhas células mais recônditas que, à maneira de um grande povo, reverenciam em ti o enviado de redenção e paz, concórdia e alegria.

*

Rei de minh'alma, vieste aos meus braços com a destinação de uma estrela para o meu caminho e orgulho-me de sentir-te os raios renovadores.

Minha serenidade vem da tua harmonia.

Só aspiro a uma glória: a de permanecer contigo no reino da perfeita compreensão.

Só desejo uma felicidade: a de contemplar a alegria calma e bela em teus olhos misteriosos.

*

Teu coração é o tenro arbusto que se converterá em tronco abençoado com a ajuda de minha alma, que, manancial de carinho, te afagará as raízes...

Em breve, serás a árvore robusta e magnânima, enquanto continuarei sendo a fonte inalterável aos teus pés, rejubilando-me com a graça de ver-te espalhando flores e frutos, perfume e reconforto aos viajantes da estrada...

Filho de minha ternura, de onde vens? de onde vimos?

Falando à Terra | Poema de mãe

Cale-se o cérebro que, muitas vezes, não passa dum filósofo negativo, e fale, entre nós, o coração, que é sempre o divino profeta da imortalidade.

Vens para mim da Coroa Resplandecente da Vida e venho, por minha vez, ao teu encontro, emergindo do Amor que nunca morre...

Abro-te as portas do mundo e elevas-me ao santuário da fraternidade, porque, ao influxo de tua claridade indefinível em meu ser, a minha existência se dilata, cresce e se renova, fazendo meus os filhos alheios e desfazendo-se em amor e renúncia no templo da Humanidade inteira.

14 De retorno

Romeu A. Camargo

Por mais afeito esteja o aprendiz da Revelação Nova aos enunciados da fé que o reconforta e educa para a grande transição, a morte é sempre um caminho surpreendente.

Sabemos que a reencarnação nos enforma na carne e que, antes de qualquer operação biológica no renascimento, já vivemos na pátria espiritual, quase sempre no mesmo ponto em que se verifica o nosso reingresso; entretanto, quem não experimentaria o deslumbramento do novo despertar?

O pássaro encarcerado na gaiola, em escuro porão, por muitos e muitos anos, em se vendo inesperadamente libertado, contempla os quadros da natureza livre, estuante de imenso júbilo, como se o vento e o sol, o rio e o arvoredo lhe fossem preciosas descobertas. Em verdade, sentir-se-ia enfraquecido e incapaz de sem auxílio sustentar-se na floresta enorme, viciado, como se encontra, com o alpiste e o bebedouro diariamente colocados no artificial domicílio de arame.

Falando à Terra | De retorno

É o nosso caso.

Por muito que nos disponhamos a encarar, face a face, as realidades da morte, atravessamos os pórticos da vida nova, de coração aos pulos e a passos vacilantes.

A paisagem dos mundos felizes e a residência dos eleitos ficam ainda muito distantes...

A visão pormenorizada de toda a existência humana, no estado de liberdade de nosso corpo espiritual, quadro que mereceu de Bozzano apontamentos valiosos e especiais, começa por reintegrar-nos na posse de nós mesmos.

Enquanto a caridade dos irmãos mais velhos nos auxilia a libertação da grade orgânica do mundo, a memória como que retira da câmara cerebral, às pressas, o conjunto das imagens que gravou em si mesma, durante a permanência na carne, a fim de incorporá-las, definitivamente, aos seus arquivos eternos.

Sem capacidade para definir o fenômeno introspectivo, devo apenas registar[4] a impressão de que a vida efetua um movimento de recuo, dentro de nós mesmos.

Em pensamento, voltamos da hora derradeira do envoltório somático ao berço que nos viu ressurgir na Terra e aí somos geralmente surpreendidos por extensa barragem de sombra, estabelecida pelo choque de retorno da alma às correntes da vida física, que raros Espíritos desencarnados conseguem transpor de imediato.

Para mim, igualmente, o obstáculo foi dificílimo.

---

[4] N.E.: Forma pouco usual para o verbo "registrar".

De peito e braços hirtos, embora os afeiçoados me certificassem do desprendimento, aflito, mas imóvel, assisti ao desenrolar de minha existência última, com todo o séquito de meus atos, palavras e pensamentos, como se a minha vida fosse uma película cinematográfica projetada, ao inverso, na tela de minha consciência.

Tudo claro, eficiente e rápido.

Atingido, porém, o instante exato em que reapareciam as horas da meninice, intraduzível turvação mental me absorveu o raciocínio...

Debati-me, inquieto, buscando clarear as minhas reminiscências e precisar-lhes os contornos; no entanto, incoercível vacuidade me assaltou o pensamento expectante e caí num repouso inconsciente e profundo, qual trabalhador fatigado, após longo dia de estafante labor.

Quando acordei, convenci-me de haver reconquistado o equilíbrio total.

O leito alvo, em amplo e bem arejado aposento, obrigou-me a refletir na hospitalização.

Quis movimentar-me, mas não pude.

Meu corpo me parecia chumbado ao lençol farto e macio.

Tentei erguer as mãos, no gesto instintivo do enfermo que, ávido, procura a campainha de chamada; contudo, meus braços desobedeceram, como se fossem de bronze.

Examinei a sala, assombrado.

Enquanto as paredes se achavam revestidas de uma substância acetinada, de tom róseo, o teto arqueado exibia um painel de repousante beleza, do qual sobressaía um campo de lírios prateados e abertos, proporcionando a real sensação de vitalidade e perfume.

A contemplação do quadro, que se desdobrava no alto, pareceu reanimar-me.

Leve sopro de renovação fortaleceu-me o íntimo.

Poderia falar? – pensei.

Que espécie de enfermidade me deprimia? Não sentia dores físicas, e, entretanto, extremo abatimento me anulava todas as forças.

Tentei gemer e consegui. O meu "ai" arfante cortou o ar em dolorido apelo.

Aproximou-se alguém, e, então, pude ver a meu lado graciosa mensageira de ternura fraterna. Indubitavelmente, seria uma colaboradora da enfermagem.

Intrigou-me sua veste, estranha para mim, mas depressa não mais liguei a essa particularidade, inebriado pelo carinho espontâneo e pela bondade sem afetação com que passou a confortar-me.

Acariciando-me a cabeça quase imóvel, chamou-me irmão e pronunciou palavras de estímulo que me aliviaram todo o ser.

O contato daquela mão de enfermeira, tocada de boa vontade, parecia inocular-me fluidos revigorantes.

Noutra ocasião, talvez eu não tivesse notado, mas, agora, surpreendia em mim, sem dúvida em razão de meu pronunciado enfraquecimento, certa receptividade magnética, que, em outras circunstâncias, me passaria despercebida.

Reconheci essa minha virtude, reparando que a jovem assistente projetava sobre mim, intencionalmente ou não, copiosa chuva de forças reconfortantes que eu, num impulso firme da vontade, procurava acumular na região da voz, tentando a fala.

A intimidade com a literatura espiritualista me favorecia as operações naturais do pensamento.

Doente e enfraquecido qual me achava, não seria justo aproveitar as energias que me repassavam o campo orgânico?

Sendo a vontade o elemento determinador nos fenômenos magnéticos, não poderia, de minha parte, valer-me dela na aquisição de recursos com que me fosse possível rearticular a palavra?

Desejei, então, instintivamente, transformar a garganta num aspirador vigoroso para fixar as energias flutuantes em minhas cordas vocais.

Iniciei o exercício silencioso e recebi a impressão nítida de que os fluidos emitidos pela enfermeira se condensaram no ponto indicado por minha mente e, findos alguns instantes de expectação, meus lábios se moveram e as palavras surgiram entrecortadas.

– Minha irmã – indaguei, com dificuldade –, onde estou? Que aconteceu?

A interpelada, muito gentil, declarou que eu me achava abatido e aconselhou-me serenidade.

Perguntei pelos meus familiares, pelos amigos, pelo médico da casa e pelas drogas que deveria tomar, melhorando o timbre de voz à proporção que me adiantava na experiência nova.

A jovem sorriu e informou:

— Chamarei o amigo que o aguarda na antessala. É companheiro que lhe espera o despertar.

Retirou-se, lépida, e percebi que minha resistência decresceu.

Agora, sozinho, experimentei monologar, mas não fui além de algumas frases que para outros seriam ininteligíveis.

O abatimento quase completo voltou a imperar sobre mim.

Decorridos alguns minutos, regressava a jovem, fazendo-se acompanhada de alguém.

Era um cavalheiro maduro, alto, de rosto pletórico, corpo bem fornido e passo firme.

Abeirou-se de mim com simpatia, e, quando aplicou a destra sobre a minha fronte, renovei o processo mental de absorção da força que ele me trazia e o meu revigoramento não se fez esperar.

Pousei nele os olhos, agora mais seguros, e reconheci-o. Confrangeu-se-me o coração no peito. Era Lameira de Andrade.

Até ali me sentira tão naturalmente instalado naquela casa como se estivesse num hospital terrestre comum, julgando-me reintegrado no aparelho físico; mas... e a presença de Lameira que eu sabia desencarnado desde muito?!...

Refleti na possibilidade de estar sendo agraciado por dons mediúnicos e dirigi-me a ele, tentando tranquilizar-me:

— Obrigado, meu irmão, obrigado!... Não contava com uma clarividência assim, tão avançada...

Despendi na observação toda a minha força mental.

O visitante ouviu-me as frases "impronunciadas", sorriu, franco, e acentuou:

— Você já dormiu bastante e deve sabê-lo. Acha-se num hospital de emergência. Você, Romeu, está desencarnado.

A inopinada revelação me golpeou profundamente.

O coração, como se fora lanhado por invisível chicote, bateu precípite no tórax. Aturdi-me. Apalpei o peito, as vestes, a mim mesmo: tudo tangível, adensado, concreto.

Intraduzível sensação de asfixia começou a entontecer-me, experimentando eu o mal-estar da criatura encarnada ao sentir o sangue afluir-lhe a cabeça.

Aflitivas perguntas vagavam em meu ser.

Como teria sido aquilo? E meus interesses na Terra? Meus serviços inacabados?

A sumária declaração do companheiro perturbara-me.

Recordei a desenvoltura com que nos habituamos a doutrinar os irmãos desencarnados na experiência comum, e somente aí senti brotar em meu íntimo a verdadeira piedade por todos os que são arrebatados à realidade da morte, na ignorância do Além.

Lameira percebeu-me o constrangimento e informou, prestativo:

— Meu caro, com a transição pelo túmulo nada se acaba, mas tudo se modifica, se nos achamos efetivamente empenhados no verdadeiro aperfeiçoamento. Agora, as oportunidades são outras; as do mundo foram interrompidas. O que você fez está feito.

Talvez porque meus olhos se nublassem de pranto, aditou em voz firme:

— Não cultive qualquer estado mental deprimente. Onde a matéria é mais leve, a vibração espiritual é mais importante.

Lembrei-me de antigos estudos e esforcei-me.

Logrei concentrar, de novo, as minhas energias e, mais confortado, perguntei por meus familiares de outro tempo, estranhando não me houvessem recebido ali, no recomeço da vida nova.

Com a mesma calma, o prestimoso companheiro explicou, delicadamente:

— Nem todos podem retornar, com o êxito desejável, à comunhão com o círculo doméstico. Há emoções violentas que nos prejudicam, sem que apercebamos isso. A planta frágil exige proteção. Adaptação e crescimento são imperativos artigos da Lei. Espere.

E contou que inúmeros irmãos desprevenidos, quando se rebelam contra o socorro assistencial de que me via rodeado, são naturalmente atraídos para velhos círculos de luta, escravizando-se a sensações que não mais se justificam, e passando a viver em longo processo de vampirismo natural.

A palestra do amigo, reportando-se a paisagens sombrias e a almas atormentadas, quando me afligiam os meus próprios cuidados, acabou por levar-me a indefinível abatimento.

Francisco Cândido Xavier | Romeu A. Camargo

Assaltou-me a dispneia dos asmáticos.

Lameira compreendeu tudo, silenciou como quem ora sem palavras e começou a aplicar-me passes na região do baço. Vi-lhe as mãos, despedindo brilhantes raios róseos, arrancando, ao contato de minha epiderme, fios tênues de uma substância azul-violácea.

Pouco a pouco, reparei que forças novas me invadiam, como se eu fora emperrada máquina repentinamente lubrificada e restituída, com êxito, às suas funções normais.

Terminada a intervenção magnética e surpreendido ante o milagroso efeito, pude sentar-me, amparando-me nos braços do amigo que se acomodou ao meu lado, com o sorriso do colaborador vitorioso e feliz.

— Aqui – esclareceu, bondoso –, o passe é uma transfusão de energias, com resultados imediatos, quase milagrosos.

E porque eu indagasse sobre o tempo em que me cabia esperar a restauração plena, ponderou:

— Romeu, em nossas atividades comuns na Terra, clareamos a vida, mas somente por fora; com a lâmpada sublime dos conhecimentos espiritualistas e da existência tiramos todos os proveitos, assim como o pomicultor avarento ou ignorante colhe os frutos da árvore sem lhe auscultar as necessidades e sem sequer uma nota de reconhecimento aos serviços que ela lhe presta, supondo-se credor absoluto de suas vantagens preciosas. É assim, meu amigo, que desencarnamos... Tão plenos de confiança no Céu, quanto vivíamos alvoroçados com as revelações na Terra, mas vazios de espiritualidade santificante.

Falando à Terra | De retorno

Fez breve pausa, como se quisesse dar algum repouso à minha atenção, e prosseguiu:

– E por mostrarmos aqui o que realmente somos, bastas vezes não passamos de mendigos ou de cegos, com o poder de pronunciar lindas palavras, mas sem irradiar ondas de simpatia ou de edificação aos outros seres. Na esfera que deixamos para trás, usávamos o corpo denso quase sempre sem lhe analisar a grandeza; o coração, o cérebro, os pulmões, a fígado, o baço, os rins, sustentados por glândulas de recursos sutis, não vivem à mostra, no veículo que baldeamos no túmulo, como trapo velho; e, no entanto, desempenham funções básicas em nossa comunhão com os ensinamentos preciosos do plano carnal. Valemo-nos desses órgãos quase sem nenhuma consideração para com os reais benefícios que nos prestam; e, se algum dia nos recordamos deles, é, com frequência, quando destrambelham, irritados ou enfermos, geralmente por nossa própria culpa. Em muitas ocasiões, antes dos quarenta anos de idade, no corpo físico, desequilibramos o aparelho circulatório, impondo-lhe comoções violentas da nossa cólera destrutiva, viciamos as células cerebrais com o provocar e manter pensamentos perturbadores, ulceramos o estômago, ingurgitamos o fígado ou obstruímos os rins com alimentação imprópria ou com tóxicos vários, despendendo anos e anos em reparos do carro físico, os quais nem sempre se levam a termo por nos surpreender a morte antes do integral reajustamento.

As elucidações pareciam impregnadas de virtudes calmantes para as minhas chagas mentais, porque, enquanto eu lhes dedicava a minha atenção, doce alívio me penetrava...

Lameira interrompeu-se, fitou-me longamente e, como se quisesse imprimir maior significação às palavras, modificou o tom de voz, prosseguindo, delicado:

– Imagine semelhante situação aplicada à nossa alma. Nosso corpo espiritual encerra também potentes núcleos de energia, que, entretanto, não vivem expostos à visão externa, qual acontece ao veículo de carne. São centros de força, destinados à absorção e à transmissão de poderes divinos, quando conseguimos harmonizá-los com as grandes leis da vida. Localizam-se nas regiões do cérebro, do coração, da laringe, do baço e do baixo-ventre. Não importa que a ciência do mundo as desconheça por enquanto. O conhecimento humano avança por longos e pedregosos trilhos. A circulação do sangue e a nutrição das células só agora vão recebendo alguma claridade nas observações cotidianas, e os processos da geração constituem ainda quase um enigma para os investigadores da vida renascente. Não é de estranhar, portanto, que a inteligência mediana da Terra ainda ignore o profundo e complexo mecanismo da alma.

Percebeu Lameira a imensa atenção com que eu lhe seguia as palavras e, provavelmente condoído de minha prostração, acentuou:

– Aliás, quero esclarecer-lhe que, com esta minha minuciosa explicação, desejo apenas salientar que raramente desencarnamos em condições satisfatórias. À proporção que nos desenvolvemos em conhecimento, cresce nossa capacidade de pensar, e quem pensa gera determinadas forças e as irradia. Para estilo mais conciso, recorramos à simbologia, sempre valiosa em qualquer lição. Imaginemos o fruto verde e o fruto maduro. O primeiro demorar-se-á, em longo estádio preparatório, elaborando a polpa, ainda sem expressão de utilidade; o segundo já se oferece pronto a quantos queiram aproveitar-lhe a carne e renovar-lhe as virtudes na sementeira, ou em benefício de seres inferiores que vivem na terra. A imagem é pálida e insuficiente, mas serve para confronto rudimentar. Enquanto a mente da criatura transita nas zonas selvagens, sob os fluidos condensados da carne, ou sem eles, não possui recursos de autoprojeção, em face do círculo restrito em que vibra; mas, se nossa razão amadurece, o campo do pensamento se alarga, projetando à distância nossa influência individual. É natural que a força emitida nos alcance em primeiro lugar. Se o benfeitor é o primeiro a envolver-se nas irradiações do bem que produz, o homem incauto, que despede as negras correntes do mal, é também o primeiro a sofrer-lhes o efeito. Assim é que, muito especialmente depois da morte, temos nossa organização espiritual ligada às nossas próprias criações. Quase sempre, acordamos com os centros de força viciados pelos quadros mentais a que por muitos e muitos anos demos origem e sustento. As possibilidades de imaginar e de desejar aumentam-nos a responsabilidade. Somos, na Terra, dentro da esfera da razão, frutos amadurecidos que, sem proveito integral para os demais, em vista de nossa constante fuga ao trabalho, nos intoxicamos, dando pasto a elementos viciosos que deveríamos reconhecer incompatíveis com a nossa atual posição. Dispondo de tantos recursos de serviço, sem a devida aplicação, assemelhamo-nos também, de algum modo, ao poço de águas estagnadas, que desenvolve micro-organismos prejudiciais, ao invés de semear benefícios, e somos habitualmente surpreendidos pela morte nessa inconveniente situação. Os grandes ensinamentos das religiões são fórmulas que, aplicadas nas experiências de cada dia, operam a higiene e a iluminação de nossa alma, rumo aos degraus superiores. Todavia, enquanto permanecemos no corpo, infinita é a nossa distração. Invariavelmente dispostos a ensinar o bom caminho aos outros, dele nos afastamos, sempre que a virtude nos peça algo contra os nossos desejos.

Valendo-me da pausa natural de sua palavra carinhosa e fluente, arrisquei:

– Quer dizer então que...

Lameira não me deixou terminar.

Tornando à frase convincente, esclareceu:

– Quer dizer que para cá voltamos à semelhança de máquinas desarranjadas à oficina. Vícios do pensamento, inclinações nocivas não combatidas, desequilíbrios nervosos não extintos, sentimentos de culpa imanifestos, hábitos deprimentes, impulsos não educados, excessivo apego a objetos, situações e paisagens materiais ainda arraigadas, acidentes íntimos de mágoa ou de revolta, paixões ocultas, e verdadeira mole de outros fenômenos corruptores do sentimento – nos obrigam a lamentável demora na viagem, constrangendo-nos à perda de muito tempo que poderia ser utilizado em nossa própria ascensão.

Notando-me a expressão de amargura no olhar inquiridor, prosseguiu, comovido:

– Não acredite seja você o único a experimentar as dificuldades do ressurgimento. Lutei muito, por minha vez, e ainda me encontro em reajuste, satisfazendo certos compromissos que, desprevenido, assumi. Somos extensa fileira de trabalhadores em transição. Nem na extrema vanguarda, nem de todo para trás. Muitíssimos anos exige a obra da restauração, e nem poderia ser de outro modo. Ainda assim, meu amigo, cabe-nos render graças a Deus, porque milhões de pessoas, embora já sem o veículo de carne, permanecem aferradas à matéria, com o risco de maiores desilusões para a necessária libertação.

Tais instruções calaram-me fundamente no espírito.

Recordei a leitura das mensagens e dos apontamentos de André Luiz e concluí, pela experiência direta, que enfrentava, por minha vez, os duros tempos do conserto próprio.

Desdobraram-se os dias entre a aflição e a saudade, amenizadas, de alguma sorte, pelas novas amizades que me floriram a estrada de alegrias surpreendentes.

Lameira foi para mim um cicerone bondoso e um amigo vigilante.

Francisco Cândido Xavier | Romeu A. Camargo

Pouco a pouco, reconheci que recebemos no Além o que realmente criamos para nós mesmos, em contato com as criaturas.

Tudo o que é nosso em nós demora.

O amor encontra, depois da morte, aqueles a quem se consagra ou aquilo a que se devotou.

O ódio convive com as imagens horrendas que para si mesmo gerou e das quais se alimenta.

É assim que me restauro; e, guardando intacto o velho ideal de aprender e servir, no trabalho de engrandecimento da vida imperecível, eis-me de retorno aos companheiros de luta, oferecendo-lhes o relatório de minhas surpresas iniciais na Espiritualidade. Saibam, destarte, que o corpo de sangue e ossos é simplesmente uma sombra da nossa entidade real e que todas as nossas virtudes ou vícios a nós se atrelam além da Terra; pelo que, de cada qual depende o caminho aberto ou o desfiladeiro sombrio na sublime romagem para a Luz.

15 Amor

João de Brito

O Amor, sublime impulso de Deus, é a energia que move os mundos:
Tudo cria, tudo transforma, tudo eleva.
Palpita em todas as criaturas.
Alimenta todas as ações.

O ódio é o Amor que se envenena.
A paixão é o Amor que se incendeia.
O egoísmo é o Amor que se concentra em si mesmo.
O ciúme é o Amor que se dilacera.
A revolta é o Amor que se transvia.
O orgulho é o Amor que enlouquece.
A discórdia é o Amor que divide.
A vaidade é o Amor que se ilude.
A avareza é o Amor que se encarcera.
O vício é o Amor que se embrutece.
A crueldade é o Amor que tiraniza.
O fanatismo é o Amor que se petrifica.

A fraternidade é o Amor que se expande.
A bondade é o Amor que se desenvolve.
O carinho é o Amor que se enflora.
A dedicação é o Amor que se estende.
O trabalho digno é o Amor que aprimora.
A experiência é o Amor que amadurece.
A renúncia é o Amor que se ilumina.
O sacrifício é o Amor que se santifica.
O Amor é o clima do Universo.

É a religião da vida, a base do estímulo e a força da Criação.

Ao seu influxo, as vidas se agrupam, sublimando-se para a imortalidade.

Nesse ou naquele recanto isolado, quando se lhe retire a influência, reina sempre o caos.

Com ele, tudo se aclara.

Longe dele, a sombra se coagula e prevalece.

Em suma, o bem é o Amor que se desdobra, em busca da Perfeição no Infinito, segundo os Propósitos Divinos; e o mal é, simplesmente, o Amor fora da Lei.

16 Apreciações

Robert Southey

À distância do Brasil, em outro tempo, vazia não era a nossa admiração pelo gigante da América, que se ergueu, há quatro séculos, sob o signo do Cruzeiro, para desempenhar expressiva missão no concerto dos povos civilizados.

Partilhando-lhe a obra de fundação com os expatriados da antiga Corte Portuguesa[5], embora me recolhesse ao mundo britânico, pelas bênçãos da reencarnação, no século XVIII, não me foi possível sufocar, de todo, as inclinações que me arrastavam para a terra admirável de Santa Cruz, então perdida para a minha visão espiritual, no maciço das grandes florestas.

Não obstante o amargurado carreiro por que transitei através de incidentes e acidentes dolorosos, o mistério verde da mata permanecia vivo em meu coração, e

---

5   O mensageiro espiritual se refere à reencarnação dele mesmo, no Brasil colonial do século XVI.

o contato com a literatura da Inglaterra e do continente europeu nunca me subtraiu as imprecisas reminiscências.

É por isso que, hoje, valendo-me do *hall* que o Espiritismo me oferece para visitar, ao de leve, a alma brasileira, regozijo-me assinalando a vida nova que se edifica na paisagem soberba e farta, cujo quadro inexprimível faz o êxtase de todos os artistas da sensibilidade e da inteligência, desde Pero Vaz de Caminha, o prestimoso correspondente de Dom Manuel.

Rejubilo-me, observando que o Brasil não fugiu à vocação de fraternidade que lhe marcou os vacilantes passos do início.

Por muito que esbravejem na crítica moderna os pessimistas intransigentes, que em tudo veem a falência espiritual de que se sentem possuídos, somos, aqui, lavradores otimistas e felizes, confiados no esplêndido porvir da jovem e vigorosa nação, depósito de firmes esperanças de milhões de Espíritos, empenhados na regeneração humana.

Sempre existirá quem lobrigue inconsciência onde há juventude, aventura onde há necessidade, falta de segurança onde apenas sobra inexperiência.

Efetivamente, quem poderia contar com harmonia num campo de plantação incipiente? A sementeira não desvenda a beleza da colheita.

O arado impõe o suor da preocupação e a inquietude da incerteza. O celeiro traça o sorriso da paz e do reconforto. E a hora atual do Brasil ainda é de preparação intensiva, de ação experimental e de esforço edificante.

Falando à Terra | Apreciações

Os nefelibatas do idealismo sem obras se referem às realizações monumentais dos povos avançados, estabelecendo descaridoso confronto entre a comunidade brasileira, ainda em processo de ajustamento, e aqueles países de hegemonia política, olvidando o senso das proporções.

Não advogaríamos a causa do Brasil, que não necessita de nós para fazer-se valer na civilização contemporânea, nem desrespeitaríamos as grandes nações que orientam a vida moderna; entretanto, seria lícito indagar se conviria o progresso material sem alicerces morais suficientemente consolidados.

De que nos valem o poder aquisitivo, a técnica das indústrias, a produção em massa, a universidade ativa e a riqueza rural, se não possuímos diques capazes de barrar as paixões individuais e as raciais, que ateiam o ruinoso fogo da guerra?

De que serve construirmos soberbos templos, levantados à fé e à arte, para depois serem incendiados pelo nosso próprio vandalismo?

Será razoável sensibilizar a alma coletiva com o espargimento de ideias salvacionistas, inclusive as de bondade fraterna e as de boa vizinhança, bombardeando, em seguida, hospitais e lares abertos?

Será compreensível a exaltação de princípios superiores, quais os da dignidade pessoal e da liberdade humana, gastando-se três quartas partes do dinheiro público em petrechos bélicos, a par de quase total esquecimento da educação popular?

Francisco Cândido Xavier | Robert Southey

Não louvaríamos os que edificam a escola, armando os alunos para a derruírem depois.

A vida não é trepidação de nervos, a corrida armamentista ou a tortura de contínua defesa. É a expansão da alma e crescimento do homem interior, que se não coadunam com a arte de matar.

Sobre este mundo, em que a inteligência perquire as forças mais íntimas da Natureza, mas somente para conservar o poderio e o domínio destrutivos, um novo mundo surgirá.

Não consideramos riqueza a posse de vastos potenciais econômicos, sem respeito pelos fundamentos morais, e nem julgamos dignos de apreço os palácios que se levantam em nome da cultura para a exaltação da força contra o direito, da prepotência contra a justiça, e da raça contra a Humanidade.

A palavra do Cristo vagueia no mundo sem encontrar ouvidos que a recolham. As igrejas, que a distribuem, até certo ponto se assemelham a conservatórios de música preciosa sem artistas que a interpretem.

O romano arrogante e dominador, o grego inteligente e espirituoso, o fenício comerciante e astuto, e o judeu obstinado e rebelde ainda se fazem sentir, sob indumentária nova, em todas as latitudes da Terra, com o mesmo viço espiritual de há vinte séculos. Em contraste com a sublimidade do Evangelho, temos a impressão de que a consciência humana ainda não se desamarrou das fraldas infantis. Excetuadas algumas organizações individuais, tocadas de santificante heroísmo, em todas as nações o conteúdo de animalidade na massa anônima revela que a civilização ainda próxima se encontra da caverna dos primatas e que o barco da vida, por enquanto, veleja muito longe do porto em que lhe cabe atracar.

Sob o ponto de vista moral, o homem comum, em muitos aspectos, ainda lembra o chimpanzé, agora com a inteligência desenvolta.

De alguns milênios para cá, a mente humana tem demonstrado diminutas alterações para melhor.

A crueldade e o vício tornam, quase que invariáveis, à arena da luta planetária, exibindo novas formas.

Povos aparecem e desaparecem, sob as leis da morte e da reencarnação, a geografia política sofre modificações em todas as épocas, mas o espírito é o mesmo.

Equiparam-se à miserabilidade o trono do poder sem a majestade espiritual, a glória sem educação ou a liberdade sem deveres.

Em razão disso, o cultivo da fraternidade na terra brasileira, onde representantes de quase todos os povos se entrelaçam para a obra do entendimento mundial, é, indubitavelmente, uma nova esperança para a vida na Terra.

Sob a luz do Cruzeiro, o pensamento do Cristo adquire nova feição. Libertado da velha clausura dos templos de pedra, caminha ao encontro de toda a gente, em obras de iluminação e de assistência do mais alto mérito.

Em nenhum outro país do Globo a prática do Evangelho adquiriu tão intenso movimento e tal progresso.

Achamos que o serviço de aplicação do Cristianismo não é tarefa que se confira aos governos.

Com raras exceções, a casa de saúde e o asilo mantidos pelos orçamentos oficiais são institutos irrepreensíveis sem dúvida, mas, na maioria das vezes, guardam simplesmente o rigor e a impassibilidade das próprias leis que os geram.

As casas abertas à fraternidade, somente quando dirigidas pelo coração, é que se revestem de valores mais altos.

É possível promulgar decretos respeitáveis, determinando os mais completos serviços de solidariedade; todavia, a execução deles se resume na monumentalização de programas estabelecidos, em obras de pedra, com o séquito dos servidores pagos, rigidamente enquadrados às disciplinas estatutárias, mas, muitas vezes, sem o sentimento espontâneo do bem, que é a alma do serviço.

Daí a falência das portarias e ordens administrativas nas tarefas que dizem respeito à iluminação do homem.

O ministério cristão não começou entre as autoridades administrativas, mas sim no seio do povo, por intermédio de alguns homens e mulheres de vida simples, indicando-nos a comunhão fraterna, por única via de aplicação dos princípios regeneradores, descidos do Céu.

O Brasil entendeu a sugestão divina e, em pleno século das grandes guerras, violentas e ferozes, vemo-lo agasalhando a Boa-Nova renascente, sob o manto luminoso do Espiritualismo, da solidariedade e da paz, erguendo templos e educandários, creches e sanatórios, abrigos e hospitais, com alicerces no sentimento puro de seus filhos, descerrando a era nova em que os homens se amarão realmente uns aos outros.

No apostolado da hora primeira, não vemos Jesus disputando a governança terrestre para transformar o mundo. Não se empenha Ele em acordos políticos com o Império Romano, nem requisita lugar no Sinédrio. Toma a seu cuidado alguns corações humildes e de boa vontade, plasmando neles a fundação do Reino Divino.

Principia a obra redentora, de indivíduo para indivíduo, de alma para alma, de coração para coração.

Jesus chama Pedro e André e, em seguida, busca Tiago e João.

Do Mestre aos discípulos e dos aprendizes aos seguidores, há ligações conscienciais.

Entre as atribulações do mundo moderno, possuímos, de novo, nas linhas da evolução brasileira, o ministério salvacionista.

Levanta-se o homem, voluntariamente, para abraçar o companheiro ignorante ou fraco e acolhê-lo.

Indiscutivelmente, achamo-nos ainda muito longe da vitória final; até lá, milhões sofrerão o cerco das sombras e das lágrimas; contudo, diante da nova Pátria, verdejante e farta, que o Brasil oferece à fraternidade mundial, no elevado entendimento da missão que lhe cumpre, nossas esperanças se elevam, em cânticos de louvor, ao Céu, com a certeza de que a Terra porvindoura será o lar abençoado de uma Humanidade mais feliz.

17 Insensatez

JOANA DE GUSMÃO

Ah! Se eu pudesse voltar ao mundo – gemia a alma frágil e doente, sob imenso nevoeiro no vale das sombras –, como seria diversa a vida para mim!...

Decerto, não me lembraria com precisão das algemas que me aferram no abismo, porque a Divina Compaixão teria apagado temporariamente as nódoas de vinagre e fel que me dilaceram a memória. Entretanto, jamais olvidaria a piedade e o reconhecimento que devo cultivar diante da Natureza, esse sagrado altar de Deus...

Oh! Senhor, caminharia, então, ao encontro dos irmãos aflitos e sofredores, oferecendo-me em holocausto ao amor.

Buscaria a Humanidade por minha grande família, sentindo nos companheiros ignorantes os mais necessitados de meu concurso; receberia os dissabores por bênçãos, valendo-me deles para estender o raio de minha experiência na aquisição da verdadeira sabedoria; aproveitaria as oportunidades do mundo, sem permitir que a inferioridade dos homens me vencesse; transformaria coração numa fonte de claridade e de consolo, a fim de que todos os seres em mim encontrassem a paz e o bom ânimo; empenhar-me-ia na abençoada luta pelo bem, como as árvores dadivosas se prendem ao solo, esparzindo-se em flores de serviço e morrendo eretas para, até à última hora, estender a sombra da ramagem; aceitaria os obstáculos como espinhos duma coroa de sacrifício para a suprema glória do Espírito!

As horas, ó Senhor! as horas seriam patrimônio bendito para o meu novo modo de ser... Atravessá-las-ia, semeando a felicidade entre todos, transubstanciando-me em esclarecimento para os ignorantes, em pão eterno e em água viva para os famintos e para os sedentos da estrada! Abominaria o descanso criminoso, que muita vez me arremessou ao despenhadeiro da indiferença ante as amarguras do próximo.

Nunca mais me furtaria aos deveres pesados, mas gloriosos, que nos retêm nas doces cadeias da solidariedade, e aprenderia, louvando-Te, que a dor é um cântico de beleza e de renovação em toda parte...

Respiraria distante do orgulho, que é mentira, longe do egoísmo, que é inferno oculto, e fora da vaidade, que é simples cegueira do coração!

Senhor, dá-me novamente o corpo de carne, e reconduze-me ao exercício, à prova, à recapitulação!

Soluços abafados seguiram-lhe à rogativa, mas um mensageiro do Todo-Bondoso, dando-lhe a perceber que a súplica fora ouvida, emergiu da noite, rasgando larga clareira de luz.

Recolheu a alma infeliz e trouxe-a, de novo, à escola do mundo.

Qual semente viva em terra preciosa, a infortunada criatura ressurgiu entre os homens, na forma dum anjo débil, cercado de carinhos especiais. Quando, porém, se lhe recompôs o valioso corpo, asfixiou as tendências superiores, repeliu o escabelo de quem serve ao Senhor, empinou-se no trono da vontade; e, rodeando-se de velhos vícios, que nomeou por válidos e conselheiros de seu destino, passou a gozar loucamente a vida, exigindo, reclamando, oprimindo e assumindo lastimáveis compromissos perante a Lei...

Sempre a mesma insensatez – funesta e dolorosa.

18 Conto simples

PAULO BARRETO

Malaquias Furtado, conhecido libertino, reconhecendo enfim que mais valia o dever bem cumprido que as aventuras mundanas, rendeu-se à necessidade imperativa de renovação espiritual para a reforma da vida. Para isto, confugiu à inspiração do Padre Elias Gomes, famoso cura de almas, imaginando nele o guia ideal.

Recebido cordialmente pelo sacerdote, confessou-lhe as deploráveis experiências em que se emaranhara, obtendo calorosa doutrinação, como o vaso imundo em processo de lavagem na tina de água fervente.

Malaquias arrependeu-se do passado e chorou, abatido. Visceralmente transformado, cumulou-se de juras e promessas, que procurou cumprir com sinceridade e rigor.

Quando a tentação lhe assaltava o espírito honesto, voltava a ajoelhar-se aos pés do mentor, suplicando:

– Bom amigo, sinto-me perturbado por desejos inferiores... Tenebrosos pensamentos agitam minh'alma... Que fazer para encontrar o caminho do Céu?

Padre Elias logo respondia, calmo:
— Filho, consagre-se a Deus e olvide Satã. Guarde castidade, cultive humildade, paciência e pobreza. A salvação cabe àqueles que trilham a subida escabrosa da virtude.

O convertido voltava à arena cotidiana e sufocava os reclamos da carne indignada, curtindo provações duras que aos poucos lhe burilavam o espírito.

Trabalhava, servia sem alarde e procurava suportar toda espécie de infortúnio com inexcedível heroísmo.

Eis, porém, novo dia de mais vivas tribulações, e Malaquias regressava ao orientador, exclamando:
— Devotado protetor, tenho sofrido calúnia e ingratidão. A ideia de vingança domina-me. Tenho fogo na alma. Que fazer para sustentar-me no roteiro do Paraíso?

O ministro da fé esclarecia, sereno:
— Tenha paciência, meu filho, muita paciência. Para consolidarmos em nós a tranquilidade, é imperioso perdoar infinitamente. Não nos esqueçamos dos velhos ensinamentos. Desculpemos até setenta vezes sete, oremos pelos nossos inimigos e perseguidores... Quem ofende, condena-se; quem exerce a tolerância fraterna, exalta-se.

Malaquias aceitava, confiante, as ponderações ouvidas e tornava, confortado, às lides que o Céu lhe reservara.

Devolvia o bem pelo mal e continuava, na condição do discípulo fervoroso, experimentando os conselhos obtidos, disciplinando os seus sentimentos, sorrindo para os algozes, cedendo aos adversários e mantendo inalterável submissão ao que considerava como sendo as imposições divinas.

Falando à Terra | Conto simples

Ressurgiam, porém, outras ocasiões de conflito para o criterioso aprendiz, e logo se apressava ele em conchegar-se à sabedoria do pastor, clamando, ansiado:

— Meu padre, acho-me fatigado, enfermo, sem rumo certo... Familiares, aos quais prestei assistência e socorro em outros tempos, abandonaram-me sem comiseração pelas minhas fraquezas e sofrimentos. Minha esposa, vendo-me quase imprestável, receou o sacrifício que a nossa união lhe impunha e aliou-se aos nossos filhos maiores, hoje casados, contra mim... Vivo sem ninguém... Por ninharias, antigos credores de minha casa me cercam de ameaças sem termo... Tenho a impressão de que o Inferno se instalou dentro de mim. Debalde busco a claridade da oração, e não mais a encontro. Padre, padre, que fazer para não me desviar da estrada celeste?

O guia, na atitude convencional dos grandes inspirados, emitindo a palavra doce e fitando os olhos no céu, respondia, convicto:

— Não se deixe enredar em ciladas e tentações! A fé remove montanhas! Quem se sentirá só, depois de encontrar na Humanidade a grande família? Nossos pais e nossos filhos respiram em toda parte. Onde alguém esteja lutando, aí possuímos nosso irmão. Não se perca no desânimo destrutivo. Quem se dirige para Deus não perde os minutos na peregrinação do bem. Se há dificuldades e sofrimentos, a coragem é o sustento do Espírito na estrada para o mais alto. Sobretudo, meu filho, não creia na enfermidade. A doença é alguma coisa que depende de nós. A imaginação superexcitada improvisa monstros para o nosso corpo, mas a alma robusta na confiança, embora viva de pés na Terra, mantém o coração voltado para o Senhor, cada dia servindo mais intensamente na sementeira de luz e de amor. Não se agrilhoe a simples ninharias...

O crente leal contemplava o instrutor, como quem se via agraciado pela presença de um plenipotenciário divino. Verteu copiosas lágrimas e indagou, por fim:

— E se eu pautar pensamentos e atitudes nessas linhas, encontrarei a passagem para o Céu?

— Como não? — falou o sacerdote, complacente e bem-humorado.

E numa definição espetacular:

— A virtude é divino passaporte para o Paraíso.

Malaquias tornou à luta e aplicou o que aprendera.

Olvidou a moléstia e dedicou-se ao trabalho constante; transformou a solidão em serviço a todos e, cultivando a oração e a bondade, acabou seus dias, de consciência tranquila.

Aguardava-o à cabeceira um anjo, que, presto, o arrebatou ao País da Luz.

Participando, agora, do séquito de santos anônimos, o antigo devoto era raramente lembrado na Terra. Vivera servindo, não obstante as deploráveis experiências do início, e, por isto, de tempo não dispusera para cuidar da propaganda do seu nome. Era, contudo, um dos príncipes mais felizes da Corte Celestial. Não contava tempo, nem era forçado à contemplação das misérias humanas.

Falando à Terra | Conto simples

Acontece, porém, que um dia se ouviu entre as estrelas um chamado insistente para ele. Vinha do Inferno, diretamente da moradia de Satanás.

Malaquias não se fez rogado.

Solicitou permissão e desceu, desceu, desceu... E quando se viu no círculo das trevas infernais, encontrou quem lhe invocava o nome: era justamente o padre Elias Gomes, que lhe estendia os braços e suplicava:

— Malaquias! Malaquias! Compadeça-se de mim! Ensina-me! Onde encontrarei o caminho para o Céu?!...

***

Acautele-se no mundo quem oriente, quem dirija e quem aconselhe. Quase todos nós, os que sabemos indicar o bom caminho aos pés alheios, esbarramos, além do túmulo, com a mesma surpresa do sacerdote.

19 Avançando

Luís Olímpio Teles de Menezes

Entre aqueles que desfrutaram a felicidade de trabalhar, quando a terra se obstruía de pedrouços e espinheirais sem conto, volto a contemplar a construção da fé nova, rejubilando-me ante as realizações que o Espiritismo está consolidando em benefício das criaturas.

Dantes, era a excessiva preocupação do fenômeno, indefinível tortura intelectual, amontoando-se números e apontamentos em febril estatística; hoje, porém, uma compreensão mais sadia desponta, luminosa e providencial.

Indiscutivelmente, é força reconhecer que muitos círculos iniciais do nosso movimento, no Velho Mundo talado por guerras consecutivas, perderam de algum modo a fulguração primitiva, cedendo lugar ao marasmo expectante; contudo, o retrocesso aparente filia-se nas investigações ociosas e secas de inumeráveis estudiosos que fatigam o cérebro sem despertar o coração. Nesses acanhados redutos da inteligência, as críticas descabidas convergiram sobre o esforço nobilitante de alguns poucos e o desânimo coagulou temporariamente infinitas reservas de energia.

A ciência, por si só, é como a terra preciosa sem a semente. De que nos valeria o suor a empapar o chão lavrado, sem a possibilidade de produzir? A verdade tem a balança da sabedoria para analisar os seres e as coisas, mas só o amor possui a chave da vida.

Recordamo-nos, ainda, do tempo em que sob indisfarçável encantamento nos enamorávamos dos médiuns, como se fossem ídolos do Céu milagrosamente animados na Terra, pelo simples fato de ouvirem e verem criaturas desencarnadas que, no fundo, não apresentavam evolução muito mais avançada que a nossa. E, com o ciúme dos amantes apaixonados, reuníamo-nos em cardume, em torno do infeliz instrumento mediúnico, perturbando-lhe as peças preciosas ou trazendo-lhe muito cedo o desalento e a inutilização.

Admitíamos falsamente que a obra missionária pertenceria exclusivamente ao homem ou à mulher de virtudes psíquicas descomunais, esquecendo-nos de que, em muitos casos, semelhantes dons traduzem provação e sacrifício, que nos importa amparar, ao invés de explorar desapiedadamente.

Ainda existem muitos investigadores que não se compadecem com a realidade, examinando os Espíritos conscientes e livres, através da organização medianímica, como se observassem micróbios interessantes, por intermédio da lente dum laboratório. Para esses, o redescobrimento do mundo invisível é simples motivo para conceituosos pareceres, em que jamais atestam as verdades da Revelação; continuam acravados no estreito mundículo onde se agitam, entre a presunção e o temor, como autênticos exemplares do comodismo. Há, entretanto, cientistas e estudiosos, que, respeitáveis, descem à liça, abrindo brechas na velha Bastilha dos preconceitos, auxiliando o anseio popular de renovação. Grande exército de trabalhadores de boa vontade marcha impávido e um novo entendimento se espalha, iluminando consciências e corações, em todas as linhas da fé redentora que o Espiritismo acende nas almas.

Pouco a pouco, as responsabilidades se descentralizam. Os médiuns já não se afiguram pajés de tribo, senão que, nos quadros da fraternidade e da cooperação, todos os consideram companheiros da boa luta, com difíceis obrigações a desempenhar, dignos, portanto, do carinho e do acatamento geral.

O conceito da Doutrina Consoladora, como serviço do indivíduo à coletividade, vai-se ampliando para benefício desta; os antigos espectadores frios do fenômeno se incorporam ao trabalho ativo, permanecendo no esforço edificante que as bênçãos do Alto e as necessidades do mundo nos conferem.

A obra de esclarecimento tem sido árdua. Combate incruento, no seio de todos os povos, tem reclamado a abnegação de muitos.

Julgou-se a princípio que os mensageiros da Espiritualidade pretendessem arrebatar o homem para o Céu, e vários servidores da primeira hora se embriagaram na perspectiva de ingresso definitivo nos mundos felizes, com absoluto esquecimento do trabalho que os retinha na carne. Esses companheiros desprevenidos, de braços cruzados e cabeça inquieta, sondavam outros lares do sistema e exigiam notícias da imensidade de Júpiter e de Saturno, inconformados com o nosso domicílio singelo na Corte Solar.

Agora, porém, vamos compreendendo que os emissários do Cristo não nos exoneram da responsabilidade, nem nos desatam os compromissos, e, longe de pretenderem violentar a inteligência humana, constrangendo-a a demandar um Éden que ela não pode entender por enquanto, buscam fortalecê-la para que transforme a Terra em Paraíso.

Os ideais sublimes que albergamos na alma são forças vivas, que tentam sua própria materialização no plano em que residimos.

Uma grande fé representa uma grande luz. Uma virtude firme é uma bênção indiscutível.

Esclarece-nos, contudo, a experiência que a missão da luz é o socorrer as trevas, e que o prover de conforto e esperança os deserdados é ministério da virtude.

Gradativamente estamos aprendendo, na tarefa de redenção e de aprendizado que fazemos, todos juntos, que o Espiritismo é claridade no indivíduo, a expandir-se deste, para que as sombras da ignorância e do sofrimento sejam expulsas da Terra. Fazer algo pelo bem na extinção do mal é obrigação de todos, no apostolado comum.

Onde houver um raio de certeza na sobrevivência da alma, aí deve aparecer mais justiça e mais alegria de ser útil.

A vida não cessa. O burilamento continua além da morte. E os objetivos últimos do Universo, por enquanto, transcendem as nossas possibilidades de compreensão.

Baste-nos a certeza de que a Justiça está funcionando e de que, tanto agora quanto depois, aqui como além, receberemos de acordo com as nossas obras.

Se o Espiritismo aboliu o Inferno de tormentos inextinguíveis, modificou profundamente a paisagem do Céu.

Sabemos hoje que o homem é um anjo nascente e que séculos correrão sobre séculos antes de finda a empresa de seu apuro.

Graças a Deus, estamos avançando.

Convertamos, assim, a contemplação em atividade benfeitora, a fé em serviço ativo, e, como células harmoniosas do divino organismo do mundo, transitaremos entre a existência e a morte, do berço ao túmulo e da espiritualidade ao renascimento, como filhos conscientes da Eterna Sabedoria, crescendo, felizes, para a vida imortal.

20 Um dia

Isabel de Castro

Um dia, Sócrates deliberou sair de si mesmo, apresentando alguns aspectos da verdade, e imortalizou-se.

Um dia, Colombo resolveu empreender a viagem ao Mundo Novo e desvelou o caminho para a América.

A gloriosa missão de Jesus começou para os homens no dia da Manjedoura. O ministério dos Apóstolos foi definitivamente homologado pelos Poderes Divinos no dia de Pentecostes.

Tudo no Universo começa num dia.

O bem e o mal, a felicidade e o infortúnio, a alegria e a dor, invocados por nossa alma, guardam o exato momento de início.

Quando plantamos, sabemos que a produção surgirá certo dia. Se encetamos uma jornada, não ignoramos que, em certo momento, ela terminará.

Um dia criamos, um dia recolheremos.

Não olvides, porém, que a semente não germinará sem cuidado, em tua quinta.

Se deres teu dia à erva ingrata, ela se alastrará, sufocando-te o horto amigo. Se abandonares teus minutos aos vermes daninhos, multiplicar-se-ão eles, indefinidamente, impedindo a colheita.

Ocupa-te com o dia, de olhos voltados para a eternidade.

Das resoluções de uma hora podem sobrevir acontecimentos para mil anos.

Tudo depende de tua atitude na intimidade do tempo.

Judas era um discípulo fiel a Jesus, mas, um dia, acreditou mais no poder frágil da Terra que na administração do Céu, e traiu a si mesmo.

Madalena era estranha mulher, possessa de sete demônios; um dia, no entanto, ofereceu-se à virtude e inscreveu seu nome na História, figurando no cânone das almas inesquecíveis.

O amanhã será o que hoje projetamos.

Alcançarás o que procuras.

Serás o que desejas.

Acorda para a realidade do momento e amontoa bênçãos pelos serviços que prestaste e pelo conhecimento que difundiste em tuas horas.

O tempo é o rio da vida cujas águas nos devolvem o que lhe atiramos.

Enquanto dispões das horas de trabalho, dedica-te às boas obras.

Se acreditas no bem e a ele atendes, cedo atingirás a messe da felicidade perfeita; mas se agora mofas do dia, entre a indiferença e o sarcasmo, guarda a certeza de que, a seu turno, o dia se rirá de ti.

21 Penitência

JOAQUIM ARCOVERDE

De todos os viajantes que atravessam o rio da morte, sem dúvida é o sacerdote aquele que mais se surpreende, ante o inesperado painel da realidade Além-Túmulo.

A pompa do culto externo entre os homens constitui para ele algo mais que o título e a condecoração para um general vitorioso na Terra; porque o militar, ainda o mais duro, sempre se dobra às injunções da disciplina humana e não espera a conservação de suas medalhas nas remotas cidades do Paraíso, ao passo que o clérigo, iludido pela própria vaidade, invariavelmente presume-se eleito para a Corte Celestial.

Em razão disto, o sopro da verdade é para ele mais frio, quando o corpo alquebrado se confunde com o pó.

Nossa pequenez, diante da vida, adquire então estarrecedor aspecto, e reconhecemos, com tardio arrependimento, que a religião é viveiro de almas, não cárcere do pensamento.

Algo de terrível sucede conosco no indescritível instante...

Francisco Cândido Xavier | joaquim Arcoverde

O sacerdote, no fundo, julga-se um salvador de consciências, com teorias próprias acerca do Inferno e do Céu; mas a morte é sempre a ventania arrasadora que lhe arrebata a veste e os símbolos materializados da fé, exibindo-o nu aos olhos espantados do rebanho que ele pretendera doutrinar e conduzir.

Ai de nós, que olvidamos o Mestre seminu sobre o madeiro!

Quando a túnica das boas obras não nos agasalha o espírito desiludido, é mister vestir a pesada armadura do remorso, com infinita humildade, para recomeçar o amanho da sementeira.

Nem sempre, porém, há suficiente provisão de virtude no coração para o serviço renovador, e muitos, quais tigres feridos, regressam aos recôncavos da mata humana, expandindo a revolta e o sofrimento moral, de que se cumularam, em atos de ferocidade, como se lhes fora consolo vingar em outros o pavoroso infortúnio que devem a si mesmos. Dispostos à rebelião, arregimentam as ovelhas frágeis, sob o mesmo critério do número, criando legiões atormentadas, que, intangíveis, povoam os templos com espectros de dor, miséria, ignorância e desespero, nutrindo e exacerbando as velhas angústias do povo.

Não nos deteremos, porém, no analisar essas legiões sombrias e tristes, prostradas na sombra, senão que nos valemos da oportunidade que se nos oferece para alertar algum irmão onerado de compromissos graves,

Falando à Terra | Penitência

considerando que, incontestavelmente, a Igreja não pode modificar sua organização dum dia para outro.

Que louco se abalançaria a demolir um velho cais, sem haver antes levantado outra edificação à altura das necessidades comuns, simplesmente porque se aperfeiçoará a técnica da engenharia?

Que precipitado doutrinador violentará o espírito da criança, impondo-lhe os conhecimentos dum sábio?

Nada é proveitoso à vida, sem trabalho ou sem preparação.

Ao nosso parecer, não vale esbarrondar na instituição católico-romana a golpes de anticlericalismo.

O duelo não cura, senão aviva os arranhões da honra, em qualquer caso evertendo a existência dos contendores.

Que existiram e ainda existem maus padres, quem o negaria?

O mundo, por enquanto, não possui tratos de terra especial e diferente para que se mantivessem jardins inacessíveis aos vermes.

Por mais que nos dediquemos à cultura carinhosa de plantas nobres, lá surge um dia em que a lagarta ou o gafanhoto nos persegue as flores e os frutos, agravando-nos os cuidados e as preocupações.

É indubitável que a Igreja tem errado muito, na sua estrutura política, comprometendo a evolução da ideia religiosa, não só pela embriaguez de domínio que assinalou muitos príncipes do poder eclesiástico no passado, como também pelo relaxamento espiritual que a levou a descurar do aspecto científico das coisas do Espírito.

É imperioso, porém, notar que o templo e o sacerdote são ainda os sagrados pontos de referência para milhões de almas ignorantes e fracas, errantes nas velhas trilhas da experiência carnal.

Muitos salientam os delitos do confessionário, mas poucos enxergam as consolações e as bênçãos, os estímulos e as alegrias aí nascidos, a troco da amargura e do sacrifício de abnegados campeões da fé, constrangidos a incessante renúncia pelas necessidades populares e pelas exigências dos princípios hierárquicos, entre a miséria dos pequenos e a opulência dos grandes.

A esses padres honestos e admiráveis, espalhados no turbilhão das cidades babilônicas ou esquecidos na singeleza dos campos, e que fazem dos votos contraídos a razão da própria vida, dirijo o meu pensamento de carinho e de veneração para dizer-lhes que, se a morte é uma grande surpresa para quantos levantaram o sagrado cálice, à frente do altar, a virtude é sempre a mesma divina moeda de luz nos mais remotos centros da vida.

Jesus não permanece muito tempo junto daqueles que lhe consagram hosanas, mas algemados ao formulário e despreocupados do verdadeiro bem; vive sempre, por seus emissários, onde a caridade e a educação se traduzam em ações dignificantes que objetivem o progresso e a felicidade de todos, independentemente do credo individual.

Ninguém está em condições mais favoráveis que o padre sincero, para estabelecer a felicidade legítima da multidão.

Não é desencadeando a discórdia que se mantém a fé, nem cevando a ignorância que se conserva a harmonia.

Ninguém se valha da sanguissedenta espada da tirania, nem do veneno sutil da desobediência, no intuito de auxiliar aqui ou além.

A exibição de poder gera a revolta.

A indisciplina favorece a subversão.

Cristo não predicou o separatismo, antes ensinou a paciência, a tolerância e a ordem, recomendando fosse facultado ao joio o direito de crescer naturalmente, ao lado do trigo, até o dia da ceifa. O Mestre não se declarou contra o aperfeiçoamento da alma nessa ou naquela região da vida e, sim, asseverou que somente a verdade nos fará livres; nem se insurgiu contra ninguém, tomando o partido de alguns. Aceitou, Ele mesmo, a cruz do sacrifício e da morte, indicando-nos o caminho para a ressurreição e para a vitória.

O verdadeiro programa de salvação prescinde de qualquer conflito e dispensa o dogmatismo e a rebelião.

Enquanto surgirem duelos de pontos de vista, com perturbação e desordem, nas manifestações da fé, a crença não passará de vago clarão a perder-se nas sombras do fanatismo.

A ideia religiosa é um modo de expressão espiritual, tanto quanto a linguagem.

Cada qual adora o Senhor, segundo sua capacidade de elevar-se nos domínios do conhecimento e da virtude.

A igualdade absoluta, no plano das potencialidades e das aquisições relativas, é absurdo insofismável.

Em razão disso, tão digno de lástima é o sacerdote que condena, quanta o crente que o amaldiçoa.

Aquele que realmente desperta para o bem e deseja colaborar na felicidade comum, põe os atos muito acima das palavras; cultiva a discernimento e afasta de si qualquer pensamento agressivo ou ocioso, compreendendo que a obra da regeneração de cada um requer a ação do tempo e o concurso direto de quantos já formam a vanguarda do progresso moral.

Reconhecendo a posição ideal do padre para orientar o serviço iluminativo da caridade cristã, não devemos esquecer a cooperação devida a todo e qualquer missionário do bem, consagrado à renúncia de si mesmo, a fim de acender nova luz na senda dos homens.

Lei nenhuma, ainda que a melhor, tem qualquer significação onde ninguém se disponha a cumpri-la.

Não será lícito concentrar as responsabilidades da construção do bem de todos na cabeça de um só. O serviço da comunidade exige divisão e descentralização.

Consagrar o espírito ao apostolado com Jesus, é dever.

Quem se interessa, efetivamente, pela prosperidade popular não suspira pela galeria dourada dos grandes encargos públicos, nem reclama vasto patrimônio amoedado, os quais, na maioria das vezes, são verdadeiros empecilhos ao ascendimento do coração ao Reino Divino.

É indispensável descerrar à alma as alegrias do serviço do bem, partilhando com os outros a experiência de cada dia.

Convertamos, assim, as naves dos templos em abrigos providenciais da legítima fraternidade, que recolham as enfermos, os fracos, os desamparados da Terra, os tristes, os desesperançados e as criancinhas sem lar; consolidemos nos santuários o trabalho da assistência social e da escola ativa, para que a Igreja represente o papel de orientadora maternal das criaturas, não só nos breves instantes do ofício religioso, mas igualmente pelo tempo adentro, correspondendo aos anseios do povo que procura em suas diretrizes a segurança e a paz.

Desejamos, porém, que tais modificações nasçam, não de encíclicas e pastorais, mas, sim, espontaneamente, do coração.

A elevação comum é problema da unidade.

Procede o renascimento moral de indivíduo para indivíduo.

O pastor é o núcleo do rebanho, a cuja inspiração as ovelhas obedecem, gravitando em torno de suas deliberações.

O sacerdote de uma paróquia é a alma dela mesma. Ele pode, mais do que ninguém, entender-se com os mais velhos, amainando a ventania que sopra do passado, e conversar com os mais jovens, preparando o futuro. Em torno dele se espraia largo mundo de trabalho e de esperança, que lhe não cabe menosprezar.

Todo êxito, contudo, depende da compreensão e do discernimento, do bom senso e da boa vontade. As renovações indiscutivelmente benéficas da História não se originam da rebelião.

O maior movimento transformador do mundo ainda é o Cristianismo, cujo fundador se deixou crucificar, ao invés de reclamar e ferir.

Se o sacerdócio da atualidade quiser operar a renascença do espírito popular, antes que o progresso natural lha imponha, é imprescindível se devote à concretização do Evangelho, na missão de instruir e consolar, em nome do Senhor. Para isto, porém, é necessário estender os braços e apertar alheias mãos em atitude compreensiva, reduzindo a escombros as velhas trincheiras da intolerância e da discórdia.

Deus é o Pai de todos os membros da família humana e das mínimas formações da Natureza, e não podemos esquecer, na Terra, que o Cristo é o mesmo para todos, embora nem todos possam assinalar, por agora, a influência do Messias.

A escada evolutiva e a luta regeneradora apresentam degraus e fases de magnífica expressão. Cada homem recebe o sol e o ar, segundo a altitude em que se coloque.

Observado de ângulo mais alto, o ministério da Igreja, em suas bases cristãs, cresce e se avoluma no tempo e no espaço, mas ai de nós, quando mordomos distraídos de nossas responsabilidades na aplicação de seus tesouros imperecíveis! Nessa condição, por mais hipertrofiados

Falando à Terra | Penitência

estejamos na ilusão dos postos e dos títulos, reduzimo-nos à insignificância dos servos inúteis, porque todos os monumentos da vaidade humana se esboroam e se tornam em pó ao vendaval da morte. Então, cambaleamos no bojo das trevas, fantasmas de ruína espiritual, que só a força da prece restaura.

Profunda comiseração nos possui ante os colegas que ainda jazem nas sombras, e é por isso que, entendendo agora, mais do que nunca, a puerilidade dos dogmas, a necessidade de melhor discernimento, a vacuidade das honras e a substância dos dons divinos, regressamos do sepulcro para dizer aos velhos companheiros do breviário que a Coroa da Vida, para acomodar-se à nossa cabeça, reclama esforço mais amplo na disseminação das boas obras.

Efetivamente, a instituição católico-romana, no que se refere às suas ligações legítimas com o Mestre Divino, não morrerá. O tempo lhe reorganizará os quadros e lhe refundirá os regulamentos, tanto lhe alterando a vida e os valores, quanto a charrua modifica a paisagem; mas não podemos esquecer que o sacerdote genuinamente cristão, onde estiver, desde hoje, pode afeiçoar-se a Jesus e propagar-lhe o divino apostolado.

22 Na senda

BENTO PEREIRA

Enquanto o discípulo apenas se enlevava na meditação, acerca do Mestre, tudo se lhe afigurava harmonia... Cada ensinamento era para ele uma nascente de luz, rasgando horizontes novos. E, por isso, a vida nunca lhe pareceu tão suave e risonha.

Ébrio de júbilo, dividia-se entre o firmamento povoado de estrelas e a Terra cheia de flores, a repetir:

– Que não farei por ti, Senhor?

Muitas luas decorreram, assinalando a passagem do tempo, quando o Mestre deliberou chamá-lo à sua presença augusta.

Escutando a divina voz, o aprendiz pôs-se em marcha, transbordante de contentamento. Que não faria para testemunhar amor e gratidão?

Em plena estrada, contudo, arrefeceu-se-lhe o ânimo: é que lhe era enorme o dispêndio de energia, ressumando-lhe o suor em grossas bagas.

Erguia-se a poeira, fustigando-lhe o rosto.

Falando à Terra | Na senda

De espaço a espaço, desabava um temporal, dardejando-lhe em torno raios deslumbrantes e aterradores; e então a lama se enovelava e esparzia em todas as direções.

Quando a sede o escaldava, não via senão água barrenta, e, se a fome o corroía, somente encontrava frutos amargos e ervas venenosas.

Ele, que começara a viagem à marcha batida, arrastava-se agora passo a passo.

Serpentes e ciladas multiplicavam-se na dificultosa jornada.

E ele, que prometera amor a todos e a tudo, lançava-se ao ódio; ele, que louvava a humildade, entregava-se à revolta; ele, que enxergara no mundo o templo magnificente do Eterno, passara a considerar a Natureza mera taça de fel...

Incapaz de compreender a necessidade da luta para o crescimento da própria alma, ele, que se afirmara apaixonado pela perfeição do Mestre, duvidou de sua sabedoria e previdência.

Por que não vinha o Senhor em seu auxílio? Por que abandonar um aspirante da luz em plena desesperação?

Depois de longa reflexão, recolheu-se a extrema tristeza e fugiu à estrada real da redenção, arrojando-se, espavorido, aos formidáveis desfiladeiros das margens.

Assim ocorre na jornada cristã.

Enquanto o seguidor do Evangelho apenas dorme e sonha, falando e imaginando, fora das realidades que lhe dizem respeito, é como o bateleiro em lago plácido, a vogar de manso à brisa acariciante, sob um céu azul; mas, se desperta e resolve navegar no largo oceano, ao encontro da Claridade Divina, pensando e agindo, conscientemente, de acordo com as lições do Mestre, os recifes e os vagalhões lhe sobranceiam o batel, em desafio ao aventureiro.

Trava-se, então, a grande batalha.

Somente a fé ungida de amor conseguirá vencer.

23 Saúde

Joaquim Murtinho

Se o homem compreendesse que a saúde do corpo é reflexo da harmonia espiritual, e se pudesse abranger a complexidade dos fenômenos íntimos que o aguardam além da morte, certo se consagraria à vida simples, com o trabalho ativo e a fraternidade legítima por normas de verdadeira felicidade.

A escravização aos sintomas e aos remédios não passa, na maioria das ocasiões, de fruto dos desequilíbrios a que nos impusemos.

Quanto maior o desvio, mais dispendioso o esforço de recuperação. Assim também, cresce o número das enfermidades à proporção que se nos multiplicam os desacertos, e, exacerbadas as doenças, tornam-se cada vez mais difíceis e complicados os processos de tratamento, levando milhões de criaturas a se algemarem a preocupações e atividades que adiam, indefinidamente, a verdadeira obra de educação que o mundo necessita.

Francisco Cândido Xavier | Joaquim Murtinho

O homem é inquilino da carne, com obrigações naturais de preservação e defesa do patrimônio que temporariamente usufrui.

Não se compreende que uma pessoa instruída amontoe lixo e lama, ou crie insetos patogênicos no próprio âmbito doméstico.

Existe, no entanto, muita gente de boa leitura e de hábitos respeitáveis, que não se lhe dá atochar dos mais vários tóxicos a residência corpórea e que não ache mal no libertar a cólera e a irritação, de minuto a minuto, dando pasto a pensamentos aviltantes, cujos efeitos por muito tempo se fazem sentir na vida diária.

Sirvamo-nos ainda deste símbolo, para estender-nos em mais simples considerações. Se sabemos imprescindível a higiene interna da casa, por que não movermos o espanador da atividade benéfica, desmanchando as teias escuras das ideias tristes? Por que não fazer ato salutar do uso da água pura, em vasta escala, beneficiando os mais íntimos escaninhos do edifício celular e atendendo igualmente ao banho diário, no escrúpulo do asseio? Se nos desvelamos em conservar o domicílio suficientemente arejado, por que não respirar, a longos haustos, o oxigênio tão puro quanto possível, de modo a facilitar a vida dos pulmões?

Quem construa uma habitação, cogita, não somente de bases sólidas, que a suportem, senão também da orientação, de tal jeito que a luz do Sol a envolva e penetre profundamente; jamais voltaria esse alguém a situar o ambiente doméstico numa caverna de troglodita.

Falando à Terra | Saúde

Analogamente, deve o homem assentar fundamentos morais seguros, que lhe garantam a verdadeira felicidade, colocando-se, no quadro social onde vive, de frente voltada para os ideais luminosos e santificantes, de modo que a divina inspiração lhe inunde as profundezas da alma.

Frequentemente a moradia das pessoas cuidadosas e educadas se exorna, em seu derredor, de plantas e de flores que encantam o transeunte, convidando-o à contemplação repousante e aos bons pensamentos.

Por que não multiplicar em torno de nós os gestos de gentileza e de solidariedade, que simbolizam as flores do coração?

Ninguém é tentado a descansar ou a edificar-se em recintos empedrados ou espinhosos.

Assim também, a palavra agradável que proferimos ou recebemos, as manifestações de simpatia, as atitudes fraternais e a compreensão sempre disposta a auxiliar, constituem recursos medicamentosos dos mais eficientes, porque a saúde, na essência, é harmonia de vibrações.

Quando nossa alma se encontra realmente tranquila, o veículo que lhe obedece está em paz.

A mente aflita despede raios de energia desordenada que se precipitam sobre os órgãos, à guisa de dardos ferinos, de consequências deploráveis para as funções orgânicas.

O homem comumente apenas regista[6] efeitos, sem consignar as causas profundas.

---

[6] N.E.: Ver nota no capítulo 14.

E que dizer das paixões insopitadas, das enormes crises de ódio e de ciúme, dos martírios ocultos do remorso, que rasgam feridas e semeiam padecimentos inomináveis na delicada constituição da alma?

Que dizer relativamente à hórrida multidão dos pensamentos agressivos duma razão desorientada, os quais tanto malefício trazem, não só ao indivíduo, mas, igualmente, aos que se achem com ele sintonizados?

O nosso lar de curas na vida espiritual vive repleto de enfermos desencarnados. Desencarnados embora, revelam psicoses de trato difícil.

A gravitação é lei universal, e o pensamento ainda é matéria em fase diferente daquelas que nos são habituais. Quando o centro de interesses da alma permanece na Terra, embalde se lhe indicará o caminho das alturas.

Caracteriza-se a mente também por peso específico, e é na própria massa do planeta que o homem enrodilhado em pensamentos inferiores se demorará, depois da morte, no serviço de purificação.

Os instrutores religiosos, mais do que doutrinadores, são médicos do Espírito que raramente ouvimos com a devida atenção, enquanto na carne.

Os ensinamentos da fé constituem receituário permanente para a cura positiva das antigas enfermidades que acompanham a alma, século trás século.

Todos os sentimentos que nos ponham em desarmonia com o ambiente, onde fomos chamados a viver, geram emoções que desorganizam, não só as colônias celulares do corpo físico, mas também o tecido sutil da alma, agravando a anarquia do psiquismo.

Qualquer criatura, conscientemente eu não, mobiliza as faculdades magnéticas que lhe são peculiares nas atividades do meio em que vive. Atrai e repele. Do modo pelo qual se utiliza de semelhantes forças depende, em grande parte, a conservação dos fatores naturais de saúde.

O Espírito rebelde ou impulsivo que foge às necessidades de adaptação, assemelha-se a um molinete elétrico, armado de pontas, cuja energia carrega e, simultaneamente, repele as moléculas do ar ambiente; assim, esse Espírito cria em torno de si um campo magnético sem dúvida adverso, o qual, a seu turno, há de repeli-lo, precipitando-o numa "roda-viva" por ele mesmo forjada.

Transformando-se em núcleo de correntes irregulares, a mente perturbada emite linhas de força, que interferirão como tóxicos invisíveis sobre o sistema endocrínico, comprometendo-lhe a normalidade das funções.

Mas não são somente a hipófise, a tireoide ou as cápsulas suprarrenais as únicas vítimas da viciação. Múltiplas doenças surgem para a infelicidade do Espírito desavisado que as invoca. Moléstias como o aborto, a encefalite letárgica, a esplenite, a apoplexia cerebral, a loucura, a nevralgia, a tuberculose, a coreia, a epilepsia, a paralisia, as afecções do coração, as úlceras gástricas e as duodenais, a cirrose, a icterícia, a histeria e todas as formas de câncer podem nascer dos desequilíbrios do pensamento.

Em muitos casos, são inúteis quaisquer recursos medicamentosos, porquanto só a modificação do movimento vibratório da mente, à base de ondas simpáticas, poderá oferecer ao doente as necessárias condições de harmonia.

Geralmente, a desencarnação prematura é o resultado do longo duelo vivido pela alma invigilante; esses conflitos prosseguem na profundeza da consciência, dificultando a ligação entre a alma e os poderes restauradores que governam a vida.

A extrema vibratilidade da alma produz estados de hipersensibilidade, os quais, em muitas circunstâncias, se fazem seguir de verdadeiros desastres organopsíquicos.

O pensamento, qualquer que seja a sua natureza, é uma energia, tendo, conseguintemente, seus efeitos.

Se o homem cultivasse a cautela, selecionando inclinações e reconhecendo o caráter positivo das leis morais, outras condições, menos dolorosas e mais elevadas, lhe presidiriam à evolução.

É imprescindível, porém, que a experiência nos instrua individualmente. Cada qual em seu roteiro, em sua prova, em sua lição.

Com o tempo aprenderemos que se pode considerar o corpo como o "prolongamento do Espírito", e aceitaremos no Evangelho do Cristo o melhor tratado de imunologia contra todas as espécies de enfermidade.

Até alcançarmos, no entanto, esse período áureo da existência na Terra, continuemos estudando, trabalhando e esperando.

24 Três almas

Mâncio da Cruz

Na antecâmara do Céu três almas se reuniam, à espera do Anjo da Passagem, que, por fim, veio atendê-las no etéreo limiar.

Uma em veste branca, outra em traje dourado e a última em roupagem escura.

A primeira, ostentando nívea túnica, ataviada de lindas guirlandas, erguia a desassombrada cabeça e dizia sem palavras: – "quem mostrará maior pureza que a minha?"

O mensageiro acolheu-a com bondade e abriu-lhe a porta de acesso; contudo, ao transpô-la, como que aturdida por invisíveis raios, a entidade recuou, exclamando:

– Não posso! Não posso!...

Disparando interrogações ao vigilante fiscal, explicou-se este, afetuoso:

– Realmente, envergas o manto lirial, mas o teu coração permanece pesado e escuro. A beleza de tua veste não representa virtude, porque te acovardaste ante a luta. Salvaste as aparências, à custa do suor alheio. Outros choraram e sofreram, para que te mantivesses na pureza externa. Volta ao mundo e santifica o vaso do sentimento.

Adiantou-se a segunda entidade, exibindo dourada coroa na fronte. De aspecto grave, na bela túnica jalde em que se envolvia, pensava: – "quem saberá mais do que eu?"

Do sagrado pórtico, no entanto, retrocedeu, com expressão de terror, e, fazendo perguntas ao Anjo, dele ouviu novos esclarecimentos:

– Mostras a glória do saber, mas o teu coração jaz inerte e enregelado. Adquiriste a palma da ciência; todavia, como pudeste esquecer o labor dos que padecem pela exaltação do bem? Torna à casa dos homens e acorda para a compaixão, para a auxílio e para a caridade.

Logo após, a terceira aproximou-se hesitante, atendendo ao chamado que o emissário do Alto lhe dirigia.

Trazia a fronte humilhada e a vestidura coberta de lama e cinza. Abeirou-se, em lágrimas, do milagroso portal, exclamando consigo: – "Senhor, que será de mim?"

Em se colocando, porém, à frente das forças que fluíam da abertura, claridade radiosa se fez em torno dela e o que era barro e fuligem transformou-se em luz que parecia nascer-lhe do peito, no imo do coração transformado em sol.

A alma extática e venturosa partiu, demandando os resplandecentes cimos.

E, porque as duas almas incapazes da subida lhe dirigissem novas inquirições, o funcionário angélico esclareceu:

– Vimos agora um coração diligente na obra do amor universal. Aquele viajante, que ora se dirige para o Trono

Eterno, veio até nós em condições que nos pareciam desfavoráveis; no entanto, a lama que lhe extravasava das mãos e dos pés, a nuvem de pó que lhe cobria o rosto e os braços, enegrecendo-lhe as vestes, eram os remanescentes da calúnia, da ironia, da maldade e da ingratidão que lhe foram atiradas na Terra por muitos e que ele suportou, com paciência, durante longo tempo, na obra da fraternidade entre as criaturas. As úlceras que se lhe abriram na alma ditosa, porém, transubstanciaram-se em pontos de sintonia com a luz celestial, que nele se inflamou, vigorosa e sublime, descortinando-lhe o caminho da imortalidade. Determina a justiça receba cada um de acordo com as suas obras.

E enquanto o obreiro aprovado se elevava, célere, no Infinito, a alma branca e a alma dourada volviam ao mundo de matéria espessa, a fim de se diplomarem, convenientemente, no aprendizado divino do "fazer e servir".

25 Se semeias

FRANCISCO MALHÃO

Se semeias com amor, não te espante a terra eriçada de espinhos...

Que seria da lavoura sem o arado firme e prestimoso, que opera a renovação? Que seria da vida, sem a persistência da boa vontade?

Ergue-te cedo, cada dia, e espalha os grãos do entendimento e do serviço.

Provavelmente, surgirão, cada hora, mil surpresas inquietantes.

As ruínas consequentes do temporal, o bote da serpe oculta, os seixos pontiagudos da estrada, a soturna visão do pântano, a guerra sem tréguas contra os animálculos daninhos, os calos dolorosos das mãos e dos pés, a expectativa torturante, são o que vive em sua luta diária o semeador que se decide a trabalhar...

Recompensas? Não aguardes a remuneração da Terra.

O mundo está repleto de bocas famintas que devoram o pão, sem cogitar dos sacrifícios ou das lágrimas que lhe deram origem.

Falando à Terra | Se semeias

Enquanto peregrinares entre os homens, o teu prêmio virá do perfume das flores, da luminosa vestidura da paisagem ou do caricioso beijo do vento.

Se semeias com amor, não indagues de causas.

Consagra-te ao esforço do bem, para que o solo se renove e produza.

Compadece-te da terra sem água.

Não desampares o deserto.

Não te irrite o charco.

Ajuda sempre.

A felicidade vem do amor, o progresso vem da cooperação.

A lavoura do Espírito é semelhante ao amanho do campo.

Auxilia sem cessar...

Se semeias com amor, jamais desanimes, porque se é teu o trabalho do plantio, a semente, o crescimento e a frutificação pertencem ao Divino Semeador, que nunca se cansa de semear.

26 Dentro de nós

BARTOLOMEU DOS MÁRTIRES

De nós mesmos flui o manancial da vida.

Vitória ou derrota, alegria ou tristeza, felicidade ou infortúnio, são produtos do nosso próprio coração.

Deus concede recursos iguais para todos, e nós facilitamos ou complicamos os processos de execução dos Propósitos Divinos a nosso respeito.

As leis do trabalho não se modificam.

Não existe privilégio.

Ninguém foge ao cumprimento da Lei.

Realizaremos quanto nos cabe no tempo, ou voltaremos à lide com o tempo, a fim de criar, refazer ou reaprender.

À custa do calor na forja, converte-se o ferro bruto em utilidade. Sofrendo a chuva e o vento, entreabre-se a flor numa festa de cor e de perfume. Consumindo-se, o óleo na candeia se transforma em luz. O brilhante é o coração da pedra que se deixou lapidar.

Cada criatura observa a Criação de acordo com as experiências que já acumulou.

"Conquista-te! Aprende! Cresce! Ilumina-te!" – eis as sugestões da Natureza, em toda parte.

Quando o homem adquirir "olhos de ver" e "ouvidos de ouvir", perceberá a beleza da espiritualidade vitoriosa e distinguirá a sinfonia da Eternidade.

Tudo depende de nós.

A sombra e a claridade, a cegueira ou a visão, a fraqueza e o fortalecimento surgem em nosso caminho, segundo a direção que impusermos às sagradas correntes da vida.

Deus é Amor, é Criação, é Vida, é Movimento, é Alegria, é Triunfo. Dirijamos nosso sentimento para a Vontade do Senhor e o Senhor naturalmente nos responderá, santificando-nos os desejos.

27 Remorso

Sílvia Serafim

Os que trazem o coração qual se fosse vaso de fel no peito, jamais devem tomar da pena para extravasar amargura; entretanto, há feridas que, expostas, podem evitar a eclosão de outras feridas, e aflições que, desabafadas, consolam os que padecem.

Reencontrar a vida, além da morte, para quem julgou o túmulo simples amontoado de cinzas, dentro da noite indevassável do nada, é castigo pior que a miséria...

É preciso haver de todo perdido a razão para despenhar-se alguém no extremo desespero de acometer a verdade, como se as trevas pudessem investir contra a luz. Orgulho e cegueira! Como não enxergar as mãos de Deus, nos menores trilhos do mundo, amparando-nos a alma frágil e desafiando-nos, com doçura, a escalar os íngremes e empedrados caminhos que conduzem à perfeição?!

Formei nas fileiras dos que se pavoneiam de fortes, sendo fracos, e que se presumem justos quando não passam de instrumentos da injustiça, e rolei no vale fundo e sombrio do sofrimento, presa de meus próprios conflitos interiores.

Não venho romancear o drama triste de minha peregrinação cedo cortada para a multiplicação de minhas dores. Venho rogar aos infelizes que não rejeitem o remédio oferecido pela consolação religiosa e pedir aos grandes infortunados, que já não possuem a fé, não recusarem a esperança no amanhã, que é sempre uma surpresa capaz de restituir-lhes a coragem e a confiança.

Ninguém procure a morte antes do dia em que ela mesma, convertida em anjo piedoso, lhe venha trazer alívio e renovação.

Ela deve constituir o ensinamento derradeiro na escola da experiência humana. Compete-nos aguardá-la, com paciência e valor, sem o risco de desequilibrarmos a nossa alma provocando-lhe a foice.

Perguntar-me-ão, provavelmente, se não existe aqui bálsamo para as nossas chagas, e compaixão divina para as nossas fraquezas. Responderei que sim, que há medicamento para as nossas enfermidades e socorro celeste para os nossos gemidos, mas o nosso agradecimento pelos bens recebidos mistura-se à vergonha pelos males que praticamos; vergonha de haver menosprezado as sugestões da consciência e enceguecido a razão, a favor dos interesses pequeninos de nosso "eu" desvairado, contra as possibilidades de aprimoramento e elevação da nossa individualidade eterna.

Agora compreendo a imposição fatal da lágrima no mundo: o sofrimento é criação nossa, fogueira constante em que buscamos consumir os resíduos de nossas imperfeições...

Ó Deus, socorre o entendimento das criaturas, favorecendo-lhes a penetração na realidade! Ao toque de Teu Amor, o homem reconhecerá, enfim, a grandeza da Lei!...

A estrada luminosa da evolução e da redenção está aberta.

Bem-aventurados os que a percorrerem, aceitando o obstáculo por lição e a dor por mestra, porque no dia em que se despedirem da carne terão encontrado, em verdade, a grande libertação!...

28 De salomão

SOUSA CALDAS

Melhor é aquele[7] que se julga insignificante e vive cercado de servos, com os quais trabalha para o bem comum, do que o homem preguiçoso e inútil, faminto de pão, mas sempre interessado em honrar a si mesmo.

Lavra o campo das possibilidades que o mundo te conferiu, para que respires na fartura, porque o homem inativo residirá com a miséria.

Ainda mesmo que a preguiça apareça adornada de ouro, um dia acordará nua e empestada, ao clarão das realidades eternas.

Enquanto as mãos do ímpio tecem a rede dos males, prepara com o teu esforço a colheita das bênçãos.

Tudo passa no mundo.

O mentiroso pagará pesados tributos.

O desapiedado ferirá a si mesmo.

O imprudente acordará nas sombras da própria queda.

---
7 Nota do autor espiritual: Meditações colhidas no cap. 12 dos *Provérbios*.

Francisco Cândido Xavier | Sousa Caldas

O avarento será algemado às riquezas que amontoou.
O revoltado estará em trevas.
Mas o homem justo e diligente vencerá o mundo.

29 Página breve

Francisco Vilela Barbosa

Tudo é harmonia e ascensão no Universo, não obstante a dor que renova constantemente a casa do homem, temporariamente edificada entre as limitações do berço e do túmulo.

Tudo é ordem, crescimento e amor na Criação Infinita.

Debalde a ignorância estabelece mentiroso domínio sobre a tirania, sobre a separação e sobre a discórdia, porque, depois da guerra ou da tempestade, a vida reconstrói seus ninhos de evolução e esperança, de alegria e beleza.

Acima das civilizações mortas, outras civilizações nascem e florescem.

O facho da inspiração celestial brilha em todas as épocas, acompanhando o roteiro das gerações.

Homens da Terra, detende-vos e escutai!

Tempos novos se abrem à visão do vosso entendimento.

A Voz do Alto, através da assembleia crescente dos emissários do bem, semeia luz e verdade nos vales sombrios da inércia e da morte. E do seio da própria matéria,

Francisco Cândido Xavier | Francisco Vilela Barbosa

que hoje vos descortina a sublimidade dos seus segredos e das suas forças, caminhareis para a Nova Era do Espírito, glorificando, em vós mesmos, a grandeza da Vida e o esplendor da Eternidade.

30 O tempo

J. A. Nogueira

Sombra espessa anuviava-me o pensamento...
Férreos dedos invisíveis constringiam-me o coração.
Seria a aproximação do fim do corpo? Minha consciência aturdida semelhava-se a uma avezita a esvoaçar numa furna povoada de horripilantes serpes.

De repente, no entanto, num milagre de alegria e de luz, vi-me lépido, a distância da câmara sombria, como se houvera despido a pesada túnica dum pesadelo.

O crepúsculo velava rápido o céu, e eu, por mais que ansiasse retomar o caminho do refúgio doméstico, a fim de anunciar a boa-nova, sedento de comunhão espiritual no santuário do amor puro, não conseguia atinar com o rumo certo.

Seguia eu estrada diferente, em paisagem nunca vista. Larga avenida, marginada de arvoredo e flores, estendia seu piso de saibro argenteado, sobre o qual se refletiam as lucilantes estrelas.

O vento fresco brincava por entre a ramagem perfumada, que respondia em doces acordes, como se ocultasse harpas intangíveis, enquanto a noite acendia novos astros, na imensa cortina azul do firmamento.

E eu seguia, seguia sempre, colhido em êxtase intraduzível.

Meu corpo fizera-se leve e ágil como nunca, e embora sustentasse o impulso natural da marcha, comandando a mim mesmo, tinha a impressão de que jornadeava, não para satisfazer a propósito determinado, mas atendendo a inexplicável magnetismo, porque não obstante me detivesse, de quando em quando, de olhar fito nas constelações que me deslumbravam, misteriosas e belas, no lençol anilado do Infinito, caminhava, ébrio de ventura, à maneira da ave atraída para cima, presa, porém, simultaneamente, ao ninho terrestre.

Aliviado de todas as preocupações, como se houvera sorvido brando anestésico, fruía inefável solidão, quando se me deparou indescritível plenilúnio, que banhava o caminho até às mais remotas curvas...

Dir-se-ia que o astro noturno se aproximava de nós, com afagos maternais, envolvendo-nos em suas irradiações de luz prateada.

Só então percebi que não me achava isolado na viagem maravilhosa.

Sob o pálio da suave claridade enxerguei longa procissão de vultos silenciosos, entre os quais me perdia.

Alguns se destacavam nítidos e tão livres, quanto eu mesmo; outros, porém, se agarravam uns aos outros, como se temessem o desconhecido... Mulheres, de rosto semivelado por cendal semelhante a evanescente neblina, sustinham companheiros que me pareciam heróis repentinamente enlouquecidos, tal a expressão de beleza e de pavor que se lhes estampava no semblante inquieto, ao passo que anciãos, aureolados por tênues reflexos de luz colorida, carregavam jovens dormentes, lembrando pais orgulhosos e felizes, que amparassem filhos enfermos...

Desejei gritar a minha ventura e confundir-me entre os viajores, aos quais me sentia inesperadamente irmanado, mas veludosa mão selou-me os lábios ansiosos, enquanto, erguendo os olhos, divisei ao meu lado a presença de simpático velhinho, que me abraçava, risonho, informando:

– É inútil. Sigamos!

Onde ouvira, antes, aquela voz grave e cristalina? Em que sítio convivera com o venerando companheiro, cuja aproximação me banhava em ondas de paz indefinível?

Não tive tempo de refletir, porque, de repente, soberbo espetáculo se descerrou à nossa vista.

A brilhante avenida desembocou numa praça majestosa, em cujo centro se levantava magnífico santuário coroado de flores resplandecentes.

Ladeado de torres translúcidas, que varavam o zimbório estrelado, acolhia ele a multidão de peregrinos, que afluíam ao interior, tomados de reverência e espanto mudos.

No recinto, misterioso e amplo, não se elevavam altares nem se mostravam dísticos de qualquer natureza; mas, ao longo das arcadas imensas, talhadas em substância lirial, qual se fora argamassa de neve, pendiam guirlandas de rosas luminosas, que em todas as direções expediam sutilíssimo aroma. Nem candelabros, nem quaisquer outros luzeiros compareciam no recinto sublime...

Cada flor parecia possuir intangível coração de luz, e, todas, aos milhares, inundavam o silêncio ali reinante de verdadeiro clarão dum castelo de fadas...

No centro, erguia-se radiosa tribuna, caprichosamente esculpida e lembrando um lírio enorme, a elevar-se da base. Reflexos esmeraldinos cercavam-lhe os contornos de filigrana prateada, e sutil poeira luminescente como que descia do alto, aureolando-a de vivas fulgurações.

Centralizávamos no púlpito estranho o nosso olhar, como se ele resumisse os objetivos que nos arrebatavam até ali.

Viajantes, anônimos para mim, chegavam aos magotes, penetrando o espaçoso recinto através de todas as portas escancaradas, e, quando o santuário pareceu repleto, aveludada cavatina começou a fazer-se ouvir, enlevando-nos os corações.

Grande maioria prosternou-se, de joelhos, e, eu mesmo, de alma ferida nas cordas mais íntimas, deixei que o pranto me corresse dos olhos, recordando o lar terrestre de que me havia distanciado.

Flautas e violinos, ocultos na abóbada por tufos compactos de flores, pareciam manejados por artistas invisíveis que, a meu ver, seriam anjos enviados do Paraíso...

Quando a música fundiu as nossas emoções num só impulso de alegria e de amor, reparei que láctea nuvem se fizera

Falando à Terra | O tempo

visível na tribuna, agora envolvida em grande halo dourado; pouco depois, essa névoa se transmudava na respeitável figura de um sacerdote, que nos estendia os braços, velados numa túnica de imácula brancura, em largo gesto de bênção.

Quem seria a singular personagem? Hierofante de mistérios remotos ou internúncio de novas revelações?

Tentei dirigir a palavra ao ancião que me acompanhava mais de perto; entretanto, o mensageiro que tão presto se materializara, ante nosso intraduzível assombro, começou a falar em tom comovido:

— Irmãos, que vos reunis neste santuário repousante, procurando a paz que vos falta na Terra, descerrai a mente ao influxo divino que desce em largos jorros dos mananciais inesgotáveis da Bondade Infinita!...

Toda alma é templo vivo, que guarda ilimitada reserva de sabedoria e de amor.

Quem vos declararia deserdados dos tesouros universais, quando sublimes celeiros de bênçãos se amontoam no mundo, ao redor de vossos pés? Como não louvar o poder soberano que vos quinhoa de alegrias e possibilidades sem fim, na estrada que trilhais?

Colocados em pleno céu, sob os raios vivificantes do Sol que vos ilumina, recebestes, para a romaria da perfeição, acolhedor paraíso de graças que se renovam e multiplicam com as horas, rico de fontes que vos deliciam e de flores que se humilham diante de vossa mão.

Como descansar ou entregar-se à fadiga, quando o caminho vos reclama a energia santificante?!...

Atentai para o suprimento celestial, que sustenta os ninhos perdidos na charneca e alimenta os lírios que desabrocham no pântano! Estendei para cima os fios do pensamento!

A lâmpada que se mantenha perfeitamente ligada à sede da força produz claridade contínua e benfeitora.

Como chegastes a descrer da lei de renovação, que mantém os mundos suspensos na imensidade e revigora a corrente d'água humilde e rumorejante, aparentemente esquecida na floresta?

Toda vez que duvidais de vós mesmos, da vossa capacidade de progresso e de serviço, duvidais do Criador, que nos destinou à glória eterna!

E, apontando com a destra o Alto, exclamou:

– Vede! As constelações nas alturas se harmonizam como membros vivos da família universal! Por que não vos curvardes também, perante a harmonia que nos governa, dentro da vida majestosa e sem fronteiras?

Nesse instante, valendo-me da pausa do orador, ergui os olhos tímidos e reparei que as paredes do santuário, inclusive o teto e as torres altíssimas, se haviam transformado em matéria algo transparente, deixando perceber o sublime painel da noite embalsamada de aromas, sob os doces eflúvios de milhões de estrelas.

As rosas aumentaram de brilho e a nave emitia faiscantes cintilações.

Relanceando os circunstantes verifiquei que todos se mantinham na mesma posição de expectativa e deslumbramento.

Flores minúsculas, de tenuíssimo azul, choveram profusamente no recinto, tocando-nos de leve a fronte e desfazendo-se em perfume à altura de nossos corações, como se o Céu desejasse impregnar-nos de renovadas energias.

Insofreáveis comoções me convulsionaram o ser e uma torrente de lágrimas desabou de meus olhos...

Que mundo era esse de atmosfera estranha e rarefeita, onde o mágico poder da ideia e da palavra modificava a matéria em sua mais íntima natureza?

Lembrei-me, então, dos que deixara longe, perdidos no turbilhão da carne escura e lodacenta.

Asfixiante saudade oprimiu-me o peito e tentei fugir, ébrio de alegria, para buscar os entes amados e convencê-los da certeza da vida eterna, mas o venerável sacerdote, fascinando-nos com a eloquência e a ternura que lhe fluíam do verbo inspirado, continuou:

– Que paz pretendeis neste remanso de reconforto? Não estareis, porventura, fugindo à coroa do trabalho, antecipando-vos ao justo repouso?

A cada um de vós concedeu o Senhor bendito campo a lavrar. O terreno é a escola da experiência, o arado é o corpo.

Desfrutais a bênção do lavrador que se levanta com a aurora, que semeia sem exigências, e que se louva no suor em que se purifica e engrandece?

Ignorais acaso que para receber com abundância é preciso dar com liberalidade?

Não vos pergunto aqui se dispondes de riqueza metálica para auxiliar os semelhantes, de vez que o ouro do amor jamais escasseia nos corações cheios de boa vontade. Não indago se sois livres para ajudar, porque os filhos da legítima caridade se honram na oportunidade de servir. Não cogito de vossa cultura intelectual, porquanto a Providência Celeste, antes de tudo, se utiliza daquele que faz o bem.

Em todos os séculos, respiram na esfera dos homens as almas envilecidas que montam guarda nos tenebrosos abismos da usura, que constroem a estrada larga da liberdade destrutiva fomentando a indisciplina e que se revelam ativas nos cálculos e entorpecidas nas boas obras.

E, em tom diverso, que me abalou as profundezas do espírito, inquiriu, amorável e terrível:

– Eu vos pergunto pelo tempo, irmãos, pelo tesouro das horas que o Doador Supremo vos concedeu no desdobrar dos dias.

Pergunto-vos por essa riqueza, comum a todos, porque os minutos são uniformes para os bons e para os maus.

Cada um de nós estrutura o destino, dentro do tempo, patrimônio de Deus, que usamos segundo a nossa vontade. Somos artífices de nós mesmos, de nossa ascensão ou de nossa queda.

Somos aquilo que gravamos na tela das horas.

Nossos veículos de manifestação, a saber, nossas qualidades características, tendências e dons, com todos os atributos da personalidade visível e oculta, constituem o reflexo de nossas criações interiores. Que fizestes, pois, da bênção de cada dia para vos revelardes, assim, desalentados e vacilantes? Em todos os pontos do círculo de abençoado trabalho em que vos agitais, surgem charcos de ignorância e miséria, recrutando-vos à glória de ajudar e redimir... Chagas sanguinolentas de aflição e discórdia infestam o organismo social de que sois agentes vivos, rogando o socorro de vossa fraternidade, auxílio e perdão...

Que fizestes de vosso tempo, nas leiras de luta e de amor que fostes chamados a cultivar?

Aprendestes com o Mestre Crucificado que o maior do mundo será sempre o servo de todos?

Que espécie de serviço realizastes para exigirdes a graça do auxílio, quando sabeis que o próprio Cristo não alcançou a ressurreição de esplendores sem a cruz de trevas?

A paz não é dom gratuito e, sim, fruto divino do coração.

Crede! O Universo é a congregação infinita de sóis que se multiplicam no Ilimitado; entretanto, nunca abandonareis o cubículo da Terra sem aparelhar as próprias asas. Chumbados ao chão do planeta, enquanto vos agarrardes ao negro visco do "eu", exibireis mil formas no curso dos séculos, à maneira das sementes que germinam, florescem e morrem, encasuladas no solo, para nascerem de novo, em obediência às leis da Natureza que, em tudo, é o sólio externo do Altíssimo!

Proclamais a fadiga como credencial para consolo celeste; entretanto, é imprescindível conhecer a causa do vosso cansaço.

Francisco Cândido Xavier | J. A. Nogueira

Quantas lágrimas enxugastes? quantas noites despendestes à cabeceira dos desamparados do mundo? quantas horas já destes ao triste, ao miserável, ao aflito, ao canceroso? quantas vezes fizestes sorrir a esperança nos corações derreados pela desilusão? quantos pensamentos de verdadeiro amor aos semelhantes emitistes nos caminhos do tempo? quantas crianças conduzistes? quantos irmãos sem refúgio encontraram em vosso espírito o sustento e o incentivo de viver? quantas dores mitigastes? quantas luzes acendestes?

Interrompeu-se o sacerdote, e as vozes de um carrilhão, que se me afigurava composto de mil sinos, ressoaram na abóbada, como se nos achássemos num encantado reduto de duendes.

As objurgatórias da elocução como que nos haviam acordado para a grandeza da vida.

Extrema palidez marcava todos os semblantes.

Refleti, então, nos dias longos, que deixara passar sem a bênção de um sorriso sequer aos infelizes companheiros da estrada...

Vi, dentro de mim, a procissão de rostos pávidos a desfilar, incessante, na via pública, e o choro aflitivo de milhões de crianças desprezadas penetrou-me o ádito do ser.

Revi o pretérito descuidoso e risonho, e, no lance dum simples minuto, minh'alma recolheu a visão de todos os infortunados que peregrinaram em meu roteiro, sem uma réstia de esperança, relegados à fome de pão, de agasalho, de afeto e de luz... Acima do turbilhão que se desdobrava aos olhos de minha imaginação, escutava a frase bíblica, que o Senhor dirigiu a Caim, transviado: – Que fizeste de teu irmão?

Não pude resistir, passivamente, à angústia que me tomara o íntimo.

De chofre, levantei-me e saí.

O mundo distante chamava-me, imperioso...

Por mais que desejasse prosseguir na catedral de neve translúcida, não consegui...

A mensagem daqueles sinos desconhecidos abalava-me a consciência. Devia ser a voz da própria vida perguntando pelos minutos que eu perdera.

Ninguém me deteve.

A breve trecho, surpreendi-me em pranto convulsivo, no seio infinito da noite estrelada, coma se me despenhasse, lentamente, dos cimos de um palácio à profundez de insondável abismo.

O tempo!... O tempo!...

Era necessário valorizá-lo, enchê-lo de claridades e de bênçãos eternas, como quem espalha um tesouro divino para, em seguida, retornar com os galardões da vitória aos santuários da imortalidade!...

De improviso, encontrei-me no quarto, em que me aguardavam o transe final.

Abri dificilmente os olhos e contemplei os rostos piedosos que me vigiavam o leito...

Quis falar e gesticular, descrevendo tudo quanto vira e ouvira no castelo revelador do plano espiritual, mas os meus braços se mantinham imóveis e minha boca estava hirta.

Tinha eu agora esclarecimentos que não podia transmitir, notícias que era incapaz de desvelar, e sonhos que não me era dado contar...

"Ó Senhor!... – pensei – poupa-me ainda..."

Mas o mesmo ancião do caminho iluminado fez-se-me visível e repetiu as palavras:

– É inútil. Sigamos!

Obscureceu-se-me o raciocínio, como se pesada sombra baixasse do alto sobre mim, e, quando me reconheci desembaraçado da carne, iniciei outra caminhada, chorando, chorando amargamente...

31 Meditação

MÚCIO TEIXEIRA

Sou filho de Deus e herdeiro da Criação.
O Amor, divina luz, fulgura em mim.
Meus pensamentos renovam-me em ação incessante.
Cresço para a perfeição com o meu trabalho de cada dia.
Respiro em comunhão com a Vida Infinita.
Vivo entre meu Pai e meus irmãos, no silêncio e na atividade.
Valho-me do discernimento para encontrar a verdade pela porta do bem.
Estou aprendendo a encontrar a Infinita Sabedoria em todas as situações, seres e coisas do meu caminho.
Minha vontade é a minha bússola no mar da experiência.
Procuro no próximo a melhor parte.
Esqueço todo mal.
Recebo as dificuldades como lições.
Transformo-me naquilo que imagino.
Reconheço que devo render culto à Providência Divina, servindo aos outros.

Francisco Cândido Xavier | Múcio Teixeira

A alegria é o meu clima.
A confiança é o meu processo de realizar.
Teço invisíveis laços para a materialização dos meus desejos.
Todas as criaturas me ensinam algo de belo e útil.
Agir para bem fazer é a minha obrigação incessante.
Em Deus tudo posso.

32 Reflexões

Mariano José Pereira da Fonseca

O cemitério pode ser um campo de nivelamento das criaturas, mas a morte é um crivo de luz, operando a rigorosa seleção das almas para a continuidade da vida.

*

Quando o homem se ilumina por dentro, transforma-se numa estrela, brilhando na cruz da carne.

*

Distribui com os outros o contentamento de viver, trata com todos e não fujas à convivência de quantos respiram em teu clima comum, mas não olvides que entraste sozinho no mundo e que sozinho deverás sair dele.

*

Sem dúvida, há ressurreição geral, depois da morte. No entanto, além do túmulo, os caminhos não são os mesmos para todos.

*

Não procures, à noite, a celeste claridade que somente o dia te pode oferecer.

Francisco Cândido Xavier | Mariano José Pereira da Fonseca

*

Se pretendes auxiliar os mortos que atravessaram as fronteiras de pó e cinza, começa a tua obra ajudando os mortos-vivos que te rodeiam.

*

A inteligência ociosa é uma espécie de múmia entalada na carne.

*

O trabalho bem vivido é um manto que esconde todos os defeitos, tanto quanto o amor cobre a multidão dos pecados.

*

Considera os semelhantes pelo valor que revelam e não segundo os teus caprichos.

*

Muitas teorias importantes, mas inteiramente irrealizáveis, somente causam incêndio destruidor na cabeça.

*

Um homem culto, sem a disciplina de si mesmo, assemelha-se, de algum modo, a um livro escrito às avessas.

*

Procura as regiões superiores da vida, onde possas atender aos teus ideais de elevação, mas não te isoles da Humanidade. Uma casa sem janelas seria um sepulcro de corpos vivos.

*

Quando a coragem se fundamenta em simples motivos humanos, pode ser tomada por temeridade; quando se aproxima das razões divinas, chama-se valor moral.

Falando à Terra | Reflexões

*

Analisa com vagar e ajuda depressa.

*

Toda vez que guardares silêncio, o silêncio te guardará.

*

Cada vez que te deténs a contemplar a sementeira dos benefícios que já fizeste, adias a possibilidade de aumentar a lavoura do bem.

*

O aluno mais valioso para a sabedoria não é aquele que se faz mais admirado pela inteligência ou pela memória e, sim, o que reproduz a lição recebida.

*

Cada criatura do caminho é a tua oportunidade.

*

Não nades contra a corrente no grande rio da vida; o êxito, na maioria dos casos, é fruto do consenso das correntes.

*

Tudo é alegria, ensinamento e vitória, enquanto não nos cansamos de praticar o bem.

*

A fé verdadeira manifesta-se ao mundo através das obras que realiza.

*

A cruz das provações é caminho para o Alto.

*

Para quem dorme, luz e trevas não diferem.

Francisco Cândido Xavier | Mariano José Pereira da Fonseca

*

O descanso após o trabalho é construtivo e chama-se preparação para novo esforço.

*

Não negues tua dádiva ao orgulhoso, ainda que asco te desperte: muitas vezes é mais necessitado que o mendigo humilde, que te inspira natural simpatia.

*

Nossos verdadeiros parentes, depois da morte, são as obras que criamos.

*

Compadece-te de todos aqueles que se perdem a contemplar, enternecidamente, as estrelas do céu, sem saberem acender uma vela no próprio coração.

*

Há tanta leviandade em pedir definições absolutas de Deus, através da mente humana, como há loucura em exigir que o oceano se acomode nas dimensões de uma taça.

*

Resigna-te à condição de aprendiz, estuda e trabalha sempre: o Amazonas começa em fios d'água.

*

Na administração ou na subalternidade, todo Espírito pode ser admirável e sublime; não olvides que o Divino Orientador da Humanidade passou, entre nós, na posição dos últimos servidores, morrendo na cruz dos ladrões.

*

Se estabeleces condições para ajudar, reclamas o título de credor antes da própria dívida.

*

O egoísmo pretende ser amado; o amor procura amar.

*

Se permitirmos, o Céu realizará maravilhas por nosso intermédio, a começar pelo milagre de nossa renovação para o bem.

*

Em Cristianismo não existe neutralidade.

*

Disse o aprendiz ao Mestre: – "Por que não me escutaste?" E o Mestre redarguiu: – "Por que te ensurdeceste?"

*

Enquanto exiges que os outros sejam tão bons quanto possam, não te lembras de que necessitas ser bom como deves.

*

Quem transmite a calúnia é o companheiro natural daquele que a formula.

*

O veneno da língua maldizente encontra vaso adequado no ouvido perverso que interrompe o serviço para dar-lhe atenção.

*

Envolve-se o homem na atmosfera dos seus pensamentos, semelhante à flor nas ondas de perfume ou à aranha, emaranhada nas próprias teias.

*

Cuidando em velar pelos outros, não te percas de vista.

*

Servir ao bem é o método de crescer em espírito.

*

Nas escolas religiosas, existem crentes célebres pela grandeza dos seus conhecimentos e teorias, mas, como acontece à famosa Vênus de Milo, requestada pela pureza de suas linhas, não têm braços para ajudar a ninguém.

*

A palavra do Cristo, no Sermão da Montanha, contém mais desafio que reconforto.

*

Onde reina a compreensão, há esquecimento do mal.

*

O maior serviço que a criatura pode prestar ao Criador, é o fiel desempenho do próprio dever.

*

Onde qualquer um enxerga a crueldade, o cristão descobre a necessidade.

*

A boa vontade é o tijolo firme que todas as criaturas podem ceder ao edifício do progresso comum.

*

O sentimento de agora é o pensamento de dentro em pouco e a realização de amanhã.

*

Quando encontrares Jesus nos irmãos de toda parte, Jesus tomar-te-á para companheiro, em qualquer lugar.

*

Quem se faz melhor dentro do lar, auxilia a Humanidade inteira.

*

Cada Espírito é um continente vivo no Plano Universal.

*

O diamante jaz no cerro bruto durante milênios: a consciência divina dorme no homem, séculos numerosos ignorada.

*

É inútil qualquer propósito de insulamento. Ninguém vive sem projetar a própria influência. Bilhões de seres respiram o mesmo oxigênio de que te nutres.

*

Diógenes teria acendido a lanterna, a fim de procurar um homem; isso, porém, demonstrava que o grande filósofo não havia encontrado o homem dentro dele mesmo.

*

O Sol comunica-se aos recessos do abismo, através de irradiações de força, a milhões de quilômetros; a nossa existência estende-se igualmente, em todas as direções e profundezas.

*

O sorriso é uma gota de luz.

*

Francisco Cândido Xavier | Mariano José Pereira da Fonseca

Pelo verbo da inteligência serás ouvido somente por alguns, mas pela voz do coração serás entendido por todos.

*

Se não respeitas o horário, não te queixes do tempo.

*

Nada existe sem significação na Obra Divina; o barro ajuda ao verme, o verme auxilia a terra, a terra sustenta o grão e o grão alimenta o homem.

*

Quando o coração se mantém cerrado, amontoam-se os problemas de ordem moral.

*

O nome, o título, a condição e a estampa constituem, na esfera física, o exterior precário, sob a pátina do tempo. A substância real e eterna vive no íntimo.

*

O homem verdadeiramente iluminado procede, na vida comum, à semelhança da seiva no âmago da árvore: alimenta-a, desde as raízes até a última fronde, sem se mostrar.

*

A inteligência mais poderosa não é, geralmente, a daquele que se repotreia na sede administrativa; é a do conselheiro, muitas vezes desconhecido, que lhe indica o processo de governar.

*

Não te confines ao extremismo: a eletricidade precisa de dois polos, a ponte apoia-se em dois encontros, e a locomotiva corre sobre dois trilhos.

*

A bondade é o princípio da elevação.

*

Para o homem iluminado a estrada não tem sombras.

*

Quando o bem depende de consulta, o socorro chega atrasado.

*

Acende tua lâmpada para a viagem do mundo, porque as lâmpadas alheias estão passando, e tu ficarás às escuras.

*

Aprende a começar e a recomeçar. Não há folhagem, antes da semente; nem frutos, antes das flores.

*

Quando o homem reconhece o infinito da própria ignorância, começa a soletrar o alfabeto da sabedoria.

*

Enquanto choras o morto querido, planta uma árvore benfeitora ou faze um gesto de caridade: tuas lágrimas não terão de todo corrido inúteis.

*

Todo desejo é potencial de criação.

*

Não maltrates o corpo sob a alegação de que buscas honrar a vida. Seria louco o artista que esfacelasse violino a pretexto de servir à música.

*

Francisco Cândido Xavier | Mariano José Pereira da Fonseca

Quem ajuda ao doente, contribui para a saúde de todos.

*

De quando em quando, lembra-te de que só Deus é indispensável, a fim de que a vaidade não te visite o coração muitas vezes por dia.

*

Não te esteies em privilégios outorgados por pessoas que, um dia, perderão as prerrogativas que desfrutam. Desconfia de toda felicidade que não seja acessível a todos, através dos degraus do esforço digno.

*

Os demônios que conduzem ao erro podem ser instrutores; mas aqueles que precipitam a alma nos vales frios da indiferença são os verdadeiros senhores do inferno.

*

Ainda que a primavera te pareça longa, não te esqueças do inverno, que um dia virá.

*

O coração voltado para o Céu facilmente se contenta com um lugar qualquer ao sol, e, por isso mesmo, a nenhum canto se apega no mundo.

*

Não menoscabes o conselho sábio, ainda quando proceda de lábios menos puros. Lembra-te que o tesouro do pão, que te supre a mesa, provém da terra imunda.

*

Quem não dá ouvidos àquele que o ajuda a cultivar a planta preciosa da fé, acaba punido pela nuvem da incerteza ou pela noite da descrença.

*

Ensina sem arrogância e não te esqueças de aprender.

*

Amanhã será o momento oportuno de repousar, mas talvez seja tarde para o fazer.

*

Trabalha com serenidade. Não olvides que o Sol desponta, se deita e ressurge, metodicamente, sem pressa.

*

Os braços abertos em cruz são asas nascentes para os voos eternos do futuro.

*

Quando quiseres indagar acerca dos mistérios do Céu, sonda o segredo divino que palpita na flor.

*

Disse a alma aflita ao corpo enfermo: – "Por que me não ajudas?" E o corpo, abatido: – "Por que me desamparaste?"

*

O pequenino gesto de fraternidade é o grão de amor que pode trazer colheita infinita de bênçãos.

*

A púrpura tinge o manto dos conquistadores, mas à falta de minúscula semente os césares morreriam sem pão.

*

Francisco Cândido Xavier | Mariano José Pereira da Fonseca

Um simples raio de cólera costuma perturbar ou destruir longas e pacientes sementeiras de amor.

*

A pior derrota não é a daquele que perece, mas daquele que desanima.

*

Disse o rio da sabedoria ao homem que lhe buscava as águas: – Que podes tu apanhar de minha corrente profunda, se trazes somente uma taça estreita nos dedos trêmulos?

*

Buscarás o silêncio na furna solitária, na praia distante ou na cela indevassável dos mosteiros; todavia, se o mal estiver em tua mente, a tentação conversará contigo, no lugar oculto, em voz mais alta.

*

Orientarás muitos sucessos humanos com a tua palavra, mas, em todas as circunstâncias, serás amado ou detestado pelo tom de tua voz.

*

A morte de um homem começa no instante em que ele desiste de aprender.

*

Aqueles que se queixam de abandono são, comumente, os que mais se afastam dos outros.

*

Ajuda ao caminho para que o caminho te possa ajudar.

*

A maior pobreza não reside no cofre vazio e, sim, no coração ainda incapaz de abrir-se à infinita riqueza do bem comum.

*

Se admiras o milagre e esperas por ele, por que não realizas, ainda hoje, o milagre do socorro e do alívio àquele que sofre mais que tu?

*

Com sugestões e discursos, inscreves esclarecimentos na cabeça dos que te procuram e te ouvem. Com atitudes e exemplos, lavras o coração dos que te observam e acompanham.

*

Quase sempre os bens nos afastam do verdadeiro Bem.

*

Procura aquilo que realmente é, a fim de que não te encarceres nas aparências.

*

O fervor da vida santa, misturado aos desejos humanos, é semelhante à chama carregada de fumo.

*

Os hábitos somente podem ser modificados por outros hábitos.

*

Tão elogiável é a cooperação, quanto lastimável é a interferência.

*

O verbo calar é talvez o mais difícil de ser aplicado.

Francisco Cândido Xavier | Mariano José Pereira da Fonseca

*

Muitos observam, poucos discernem.

*

Os trabalhos do mundo são as necessárias operações da vida na guerra contra a ignorância.

*

Simplifica sempre e seguirás sem dificuldades.

*

Quem reprova sem reservas, seca o manancial da cooperação.

*

O credor mais cruel é aquele que recorda ao beneficiado o imposto obrigatório do reconhecimento.

*

Quem recebe a visita do tédio, em verdade ainda não penetrou o templo do serviço.

*

Auxilia o companheiro, enquanto lhe podes divisar o sorriso de alívio; amanhã, a morte poderá imobilizar-lhe os lábios, e todo óbolo tardio equivale à recusa.

*

Quando a caridade se alia à censura, mais se parece a um anjo armado de farpas.

*

Não repitas apressadamente aquilo que ouves; muitas vezes, há um abismo entre os fatos e as informações.

*

Quem conhece compreende, e quem compreende olvida todo mal.

*

Desalentar o próximo é envenená-lo.

*

O suor é sempre um grande mestre.

*

Não interrompas a manifestação de carinho; a vida também é igual à máquina, que não funciona sem óleo.

*

O discutidor nem sempre reconhece que uma hora de ação edificante poderia dispensar muitos anos de palavras vazias.

*

A luz de tua inteligência deve iluminar as trevas, e o remédio de tuas mãos é socorro que o Céu envia ao doente.

*

Quando o orgulho recebe uma dádiva do vizinho, sente-se humilhado; quando não a recebe, declara-se vítima da ingratidão.

*

Construirás um palácio para asilar os sem-teto, e os nutrirás com as sobras de teu celeiro, mas não forjarás a segurança do teu próprio abrigo, se não abrires uma porta de fraternidade real em teu coração.

*

O corpo é um batel cujo timoneiro é o Espírito. À maneira que os anos se desdobram, a embarcação cada vez mais entra no mar alto da experiência e o timoneiro adquire, com isto, maior responsabilidade.

*

Não arruínes o bom humor de quem segue ao teu lado, porque a alegria é sempre um medicamento de Deus.

*

Suporta o fardo de tua dor, avançando na estrada da vida heroicamente, ainda que seja um centímetro por dia; lembra-te de que hoje a noite maternal te enxugará o pranto com o repouso obrigatório, e de que amanhã o dia voltará, renovando todas as coisas.

*

A consciência, como tudo no mundo, apresenta inúmeros graus, e a culpa varia com eles.

*

Cada qual tem sua missão: o buril lavra a pedra, a pedra se transmudará na estátua, a estátua se exibirá à admiração em praça pública; mas não te esqueças e honra também a rude ferramenta, que humilde se recolhe, à espera de novo serviço.

*

Crê em Deus e crê em ti mesmo. A majestade da árvore frondosa dorme embrionária na minúscula semente.

*

Enquanto esperas pelo Céu, não olvides que também a Terra vive esperando por ti.

*

Quando todos desesperem ao redor de ti, impossibilitando-te a palavra equilibrante, contenta-te com o sorriso silencioso e aguarda a renovação das horas; quando a escuridão se faz completa, acender uma vela é criar novo sol.

*

Não te perturbe a calúnia: a pedra atirada ao lago tranquilo desce ao fundo de lodo, enquanto as águas voltam a refletir a beleza do firmamento.

*

A enxada por muitos anos viveu feliz, honrada pelos trabalhadores que a manejavam, mas sentiu-se cansada e aposentou-se num canto: surpreendeu-a, então, a ferrugem, que a devorou em poucos meses.

*

Não te sintas abandonado em circunstância alguma; o orvalho celeste rocia o cardo no deserto que o pé humano jamais tocou.

*

Da semente lançada à fenda escura do solo, liberta-se viçosa planta, em busca de vida mais ampla; do cadáver sepultado em cova fria, desata-se o ser imortal, nascendo na Espiritualidade. Tudo vive e se renova, mas a ignorância acredita que a morte das formas temporárias significa a extinção de todas as coisas.

*

No caminho da vida, não te inclines excessivamente à esquerda, porque o fogo poderá cremar-te; nem te desvies demasiado à direita, porque o gelo te imobilizará.

No meio da estrada existe uma zona temperada, na qual poderás seguir, em equilíbrio com o ambiente.

*

O excesso de conforto é tão prejudicial ao espírito, como a absoluta carência dele.

*

Quem ama, sente a necessidade de dar de si mesmo.

*

O sacerdote, que apenas falou do púlpito, foi varrido da memória; mas o artífice, que fez o altar, recebe a permanente homenagem dos admiradores de sua obra.

*

O preguiçoso estima a confiança no acaso; o homem diligente levanta-se trabalhando e espera que Deus lhe robore as mãos ativas.

*

Um trabalhador malhava grande pedra, procurando um tesouro que dentro dela jazia; mas, ao golpeá-la pela centésima vez, assaltou-lhe o desânimo e abandonou-a... Outro trabalhador, então, aproxima-se e, ao primeiro golpe de marrão, logo lhe recolheu a riqueza do seio escancarado.

*

Inúmeros homens dormem, muitos observam, alguns trabalham e raros servem.

*

A pedra que não cede à passagem da corrente, fica para trás.

Falando à Terra | Reflexões

*

Aquilo que não beneficia a todos, quase sempre não é bom para alguns.

*

Quando o homem desiste de lutar pelo bem, inicia-se-lhe a rigidez cadavérica do espírito.

*

Beija as mãos que te ferem. Sem que o arado rasgue sulcos, a terra não produz.

*

O amor não exige remuneração, mas não te esqueças de que a amizade é sustentada pela troca de valores da alma. Não negues atenção e carinho aos que te cercam, esperando estímulo e consolo. As sementes lançadas a covas de pedra estiolam-se e morrem.

*

A dor constitui valioso curso de aprimoramento para todos os aprendizes da escola humana.

*

Na subalternidade, considera os problemas de quem te dirige; no comando, observa as lutas de quem te serve: somente assim, agirás com justiça.

*

Na juventude do corpo físico, a alma olha para fora; mas, na velhice, aprende a atentar para dentro.

*

O Cristo aceitou a cruz para que o coração de cada homem se converta em lar vivo da Humanidade inteira.

*

Se tua dedicação está sempre a eriçar os espinhos da crítica, teu amor viverá constantemente só.

*

A verdade é remédio poderoso e eficaz, mas só deve ser administrado consoante a posição espiritual de cada um.

*

Obstáculo transposto é problema vencido.

*

Trabalha, antes de pedir, porque o teu próprio trabalho fará a exposição de tuas necessidades.

*

A morte oferece tranquilidade somente ao Espírito em cujas profundezas o incêndio das paixões jaz extinto.

*

Não duvides do poder da bondade, ainda que a violência reúna mil exércitos contra ti. Um coração com Deus representa maioria contra uma multidão desvairada.

33 O juiz compassivo

BULHÃO PATO

O homem rude, escravo da Natureza, através de laborioso atrito no bosque cerrado, fez fogo crepitante, e a lenha, a consumir-se, lamentou com amargura:

— Ai de mim! Quem me socorre? Quem me livrará do incêndio devastador?

Mal se calara o combustível, grande porção de ferro bruto foi trazida ao braseiro e o minério chorou, clamando:

— Ó Céus! O calor me consome! Desventurado que sou! Quem me arrancará de semelhante inferno?

Emudeceu o infeliz e, depois de alguns dias, o ferro, convertido em arado, sulcava a terra, que gemia, dilacerada:

— Quem se atreve a rasgar-me o seio de mãe? Dou quanto tenho à vida... Por que me despedaçam o coração? Piedade! Piedade!...

O silêncio, todavia, tornou ao terreno. Decorridas algumas horas, o grão foi lançado às chagas da terra e, vendo-se tragado pelo solo, exclamou:

– Quem me atenta, assim, contra a fraqueza? Deus de bondade! não me entregueis à sanha dos maus... Tenho medo, a escuridão me sufoca e o frio me impele à morte!

Entretanto, acabou submetido e, pouco tempo depois, ressurgiu na forma de arbusto frágil que, dia a dia, cresceu, floriu e frutificou.

Quando a espiga madura se orgulhava ao sol, veio a segadeira que a decepou sem comiseração. A espiga, triste, reclamou, atormentada:

– Que será de mim? De onde procede o golpe que me abate?! Justiça! Justiça!

O debulhador, contudo, em momentos rápidos, cortou-lhe a voz, e agora, em lugar dela, apareciam bagas robustas e anchas de si.

A breve trecho, estas foram precipitadas na canoura do moinho, e, quando enorme pedra realizava o esmagamento, encheu-se o ar de brados comoventes:

– Socorro! Socorro! Salvem-nos! Salvem-nos!...

O serviço da velha mó impôs, sem demora, estranha quietude, e onde existiam grãos preciosos apareceu lirial farinha, a qual, parecia, nada haveria de perturbar.

Veio, porém, o amassador, que, misturando-a a ingredientes diversos, com ela formou substanciosa massa.

A farinha chorava e lamentava-se dolorosamente e, ao ser conduzida ao forno, gritou, súplice:

– Que crime cometi para sofrer, assim, tamanha flagelação?

Falando à Terra | O juiz compassivo

Pouco a pouco, o fortíssimo calor a emudeceu; findas algumas horas, era ela formoso pão na mesa do homem.

O feliz comensal fez-se rodeado de várias presas, tais como a uva pisada no lagar, em forma de vinho, uma costela sanguinolenta de ovelha choupada ao amanhecer, ervilhas afogadas em molho excitante e alguns pequeninos cadáveres de peixe enlatado, e comeu, comeu, comeu... sem o menor pensamento de gratidão pelo repasto que tantos sacrifícios custara à Natureza.

Repetia-se, diariamente, a mesma cena, quando o Céu, compadecido e preocupado, enviou a Fé ao gastrônomo esquecido de si mesmo, e, com delicadeza, a virtude divina o convidou a trabalhar na sementeira do bem. Não seria razoável dar alguma coisa ao mundo que tudo lhe dava, auxiliando a Terra, de algum modo, no amparo às criaturas inferiores?

O homem, no entanto, desferiu gargalhada escarninha e, menosprezando-a, refestelou-se em veludosa poltrona onde se pôs a roncar.

Reparou a Fé, sob forte assombro, que enquanto o ferro, o grão e o animal se achavam despertos, atendendo à finalidade que lhes competia nos círculos da Vida, o homem, na vigília ou no sono, guardava as mesmas características de inconsciência quanto à própria destinação; em face de tanta dureza, retornou ela ao Paraíso, onde relacionou o que observara, rogando, então, ao Divino Poder fosse a Dor enviada ao Homem, com as atribuições de juiz compassivo e reto, a fim de despertá-lo.

E veio a Dor, e com ele ficou...

34 De longe

Maria Lacerda de Moura

A morte não é o milagroso país do sonho... É novo passo na jornada do grande ideal. E, da eminência do monte a que somos conduzidos pela Verdade, contemplamos o apagado Lilliput em que os homens se agitam.

Desenrola-se o panorama terrestre aos nossos olhos, mas não é a sátira ou o desprezo que provoca: é a piedade com o remorso dilacerante de não haver compreendido os pigmeus do orgulho e da vaidade, enquanto nos hospedamos em seu reino prodigioso de paixões e de brinquedos.

Quando passei do proscênio aos bastidores, e pude repetir a mim mesma as palavras "está representada a peça", fino estilete de amargura se me cravou no coração.

Desapontara a plateia sem ajudá-la. Frisara-lhe em cores vivas o destempero, a maldade e a ignorância e a ferretoara com o aguilhão candente da crítica exacerbada.

Ante a grotesca figura dos heróis de mentira, dei asas livres à revolta e perdi a oportunidade de serviço construtivo, zurzindo os pavões e as gralhas, os abutres e os

Falando à Terra | De longe

chacais, que comigo representavam, fantasiados em autêntica pele humana.

Ah! Se eu fosse um palhaço ou um bufão! – pensei.

O riso, porém, dificilmente me aflorava à face. Confrangeu-me, desde muito cedo, a tragédia da alma no purgatório humano, pus-me a indagar de mim mesma a causa de tanta desgraça, e ante essa realidade terrena o pessimismo ressecou-me a fonte da alegria.

Detestava a superfície enganadora e – escafandrista da verdade – amava as profundezas do oceano da vida, olvidando – ai de mim! – que a incursão no leito lodacento das águas nos constrange a revolver inutilmente a lama do fundo.

Usando das fortes lentes da investigação, tateei as chagas do organismo social, assombrando-me o espetáculo da miséria de todos os tempos...

Descobri a imoralidade, a depravação, a baixeza, a libertinagem, o despudor, o vício sob todas as formas; entretanto, à maneira de Freud, que fez a diagnose espiritual da Humanidade, catalogando-lhe os complexos enervantes e sombrios, sem, contudo, lhe oferecer remédio providencial, igualmente indiquei o pântano e o espinheiro, sem traçar, por mim mesma, sólidas diretrizes para a sua extinção.

Condenei os abusos de nosso tempo, clamei contra o cativeiro que acorrentou a natureza simples e luminosa ao tronco da hipocrisia, esvurmei as feridas de nossas instituições, afrontando a ira e o escárnio dos Cresos e dos

Tartufos, dos ditadores e dos salvadores, das comunidades e das igrejas, que afivelam máscaras sórdidas, e disso não me arrependo.

A verdade é uma fonte cristalina, que deve correr para o mar infinito da sabedoria.

A perfeição social será também obra-prima da vida.

Sem o buril robusto do verbo criador e regenerativo, a brutalidade da ignorância não cederá um milímetro à obra de beleza que nos cabe realizar...

Entretanto, gravando conceitos apaixonados contra os sistemas políticos e religiosos, esquecia-me de que o libelo mais admirável, sem a íntima luz da compreensão santificante a lhe clarear a estrutura, será sempre mera demagogia.

No meu peito pulsava um coração profundamente humano, retalhado de angústia na contemplação dos silenciosos e incessantes dramas do infortúnio; contudo, não consegui entesourar suficiente piedade para com os maus, adoçando a agrura de minha palavra atormentada e dolorida.

Se pude compor um cântico literário, destinado a exaltar os meus anseios de maternidade espiritual no mundo, guardo o pesar da frustração, por haver faltado dentro dele o acorde do entendimento.

A Terra é um Paraíso no berço...

O Gênesis, pela voz de Moisés, conta que o Senhor, em pronunciando o *fiat lux*, apenas dividiu a claridade e as trevas, sem aniquilar a noite; e quando determinou que o solo produzisse, apareceram as ervas daninhas e as árvores frutíferas, esparzindo sementes, segundo a sua espécie.

E ainda nos empenhamos no combate às sombras, e ainda vivemos em plena seara verde, no domicílio planetário, até hoje...

Também relata o livro venerável que o Todo-Poderoso descansou ao sétimo dia, depois de estabelecida a instituição terrestre; entretanto, que repouso poderia haver para Adão decaído e Eva enganada, em suprema desesperação, após o banimento do Éden?

A vida humana é uma torre, que erguemos para o regresso à sublime pátria de origem; mas todos havemos de cozer o áspero tijolo da experiência e de preparar o cimento da verdadeira fraternidade com as próprias mãos, ligando-os na construção do edifício do aperfeiçoamento comum, e, então, saberemos e conquistaremos o direito de analisar com lucidez os fatos em torno de nós.

Nesse aspecto da luta, o trabalho que pretendi executar foi incompleto.

Rendi sincero preito à religião do amor e da beleza e acreditei nos deuses interiores que nos dirigem os sonhos, mas oficiei com vinagre e fel no altar de meu culto.

Amor é perdão infinito, esquecimento de todo mal, lâmpada de silencioso serviço a todos, sem distinção, alimentada pelo óleo invisível da renúncia edificante...

Beleza é bondade fecunda, compreensão permanente, inalterável serenidade da alma para ajudar, sem restrições, a todos os romeiros da regeneração e da dor...

E os deuses interiores somente erguem tronos de luz em nossa inteligência, quando lhes situamos o Olimpo nos ideais mais altos do plano excelso...

Eis-me, porém, de coração novamente voltado para a floresta humana, agora não mais para dardejar-lhe as serpentes, apontar-lhe os despenhadeiros, regar-lhe com o petróleo da repugnância o charco das misérias sociais, mas, sim, para avivar-lhe as flores que hesitam em exalar o perfume da caridade, acolher-lhe as sementes no celeiro da fé e pensar-lhe as úlceras, aliviando os corações feridos que lhe atravessam os cipoais; eis-me de olhar pousado no futuro, aspirando por trabalho e paciência, a fim de auxiliar a todos os companheiros de peregrinação, nas dolorosas vias do aprimoramento.

Percebo, enfim, a sublime herança de todos os idealistas e de todos as mártires, dos pensadores e dos filósofos sacrificados...

Sinto agora a grandeza do fardo glorioso de quantos se imolaram para que o Progresso comum conquistasse mais uma gota de paz ou mais uma fímbria de luz.

Entendo, presentemente, o envenenamento de Sócrates, o sofrimento de Jan Hus, a fogueira de Giordano Bruno, o extermínio de Servet, a execução de Bailly e os sarcasmos atirados à fronte de todos os campeões da prosperidade espiritual do mundo...

Sobretudo, compreendo hoje o madeiro do Cristo, que cimentou com suor, sangue e lágrimas o edifício da solidariedade mundial.

Falando à Terra | De longe

E em pensamento, arrojando-me ao chão adusto da velha Jerusalém de há quase dois mil anos, ajoelho-me entre a Divino Restaurador, içado ao poste oprobrioso, e a populaça irônica, digna de comiseração, e exclamo, tocada de novo ânimo para a vida renovada:

– Senhor, que eu respeitei e admirei, entre os heróis santificados nas sombras da Terra, e que hoje procuro amar com todas as fibras do meu coração, aberto ao sol da verdade, onde está a cruz redentora que deve enobrecer meus ombros?

35 Tudo claro

Antônio Americano do Brasil

Depois da morte, não é o espetáculo grandiloquente dos mundos que te assombrará o Espírito redivivo.

Por mais que se deslumbre a criança num palácio de maravilhas, não se verá exonerada da imposição do crescimento.

Tudo é sequência nos trilhos do Universo...

Não terás a maior revelação na luz de Sírio ou na paisagem de Júpiter...

A surpresa estarrecedora flui de nós mesmos:

Na contemplação do que fomos e somos...

Sem subterfúgios...

Sem máscaras...

Sem mentiras...

Tudo lógico, tudo vivo, tudo claro.

Enquanto nos sobrepuja a natureza animal, nossa mente rasteja na argila vil, e, em razão disto, havemos de sujeitar-nos a iteradas experiências no campo físico, em obediência às leis que presidem a vida vegetativa.

Quando, porém, a existência nos propicia o ensinamento superior, por se nos ter a tal ponto modificado a estrutura anímica, enceta-se o domínio do nosso espírito na ordem evolutiva, começa a vibrar nosso pensamento em onda de frequência já mensurável, e nossa mente, cada vez com maiores responsabilidades, projeta-se em linhas de força de nitidez crescente.

As emissões do presente aclaram-nos o pretérito, que, então, pode ser fotografado num segundo.

Através do hoje, ressurge o ontem...

A existência no corpo de carne é a chapa negativa.

A morte é o banho revelador da verdade, porque a vida espiritual é a demonstração positiva da alma eterna.

Se inutilmente recebemos a lição renovadora do amor, com possibilidades inúmeras para a execução dos desígnios do Senhor entre as criaturas, retendo, em vão, os dons celestes do conhecimento, então, ai de nós!

Porque a justiça nos pedirá contas...

Porque a fé nos arguirá...

E porque a realidade nos falará duramente...

Não olvides que em nós mesmos reside a luz imperecedoura que em nosso caminho fará tudo claro, quando a nossa consciência, já esclarecida e responsável, se vê desnuda pelo sopro da desencarnação...

36 Mentalismo

Miguel Couto

O progresso do mentalismo abrirá, indubitavelmente, novos rumos à Medicina para engrandecimento do futuro humano.

O corpo físico é máquina viva, constituída pela congregação de miríades de corpúsculos ativos, sob o comando do espírito que manobra com a rede biológica dentro das mesmas normas que seguimos ao utilizar a corrente elétrica.

Avançando pesadamente, da animalidade para a humanidade, aumentamos o poder da consciência pela assimilação dos valores que a vida nos oferece, por intermédio do tempo e do trabalho; e, com esse poder armazenado na economia do próprio ser, manejamos o equipamento celular, com antecipado conhecimento de suas ações e reações, qualidades superiores ou idiossincrasias genéticas, para que nos ajustemos ao laborioso esforço da encarnação, dela retirando os proventos necessários.

À custa de insano trabalho, emerge a alma do passado obscuro, elevando-se para as zonas de equilíbrio e sublimação, deixando, porém, na retaguarda, verdadeiros mundos submersos, dos quais recebe apelos deprimentes, que, muita vez, a compelem à estagnação nas trevas.

Tudo é vibração, movimento, magnetismo e eletricidade, nos domínios quase desconhecidos da matéria e do espírito, cujo ponto de interação estamos singularmente distantes de alcançar.

O homem, na estruturação fisiopsíquica, é uma grande bateria criando e acumulando cargas elétricas, com que influencia e é influenciado.

Todo sentimento é energia estática.

Todo pensamento é criação dinâmica.

Toda ação é arremesso, com todos os seus efeitos.

Cada individualidade, assim, conforme os sentimentos que nutre na estrutura espiritual e segundo os pensamentos que entretém na mente, atrai ou repele, constrói ou destrói, através das forças que emite nas obras, nas palavras, nas atitudes, com que se evidencia pela instrumentação mental que lhe é própria.

A saúde é questão de equilíbrio vibracional, de conformação de frequências. Naturalmente, enquanto na Terra, esse problema implica uma equação de vários parâmetros, quais sejam a respiração e a atividade, o banho e o alimento. Forçoso é, todavia, convir que as raízes morais são sempre os fatores de maior importância, não somente na vida normal, senão também, e em particular, nas horas conturbadas.

Cada alma vive carregada dos princípios eletromagnéticos gerados por ela mesma, projetando ondas que, na essência, são os fluidos positivos ou negativos com os quais jogamos no campo de atividades a que fomos chamados ou conduzidos.

Nossa mente vive cercada de forças complexas que procedem das constelações próximas e remotas, do Sol, da Lua, da própria Terra, dos nossos semelhantes e dos seres superiores e inferiores que partilham conosco a habitação coletiva.

Achamo-nos, no planeta, como que presos a poderoso ímã: desenvolvemos nossas virtudes potenciais; apuramos tendências e recolhemos as vantagens da educação espiritual; emitimos as irradiações que nos são peculiares e graças às quais somos aproveitados pelas Potências Sublimes, no serviço da Humanidade; entesouramos nossa riqueza futura, ou por ela nos castigamos a nós mesmos: são os choques de retorno, em cuja manifestação somos sempre vítimas das cargas asfixiantes que arremessamos, no espaço e no tempo, ferindo pessoas e coisas, na tentativa de quebra da Harmonia Divina.

Nossos sentimentos e pensamentos criam linhas de força, e, destarte, conforme a nossa polaridade, ou se nos facilita a ascensão, que é luz, ou sofremos retardamento em níveis mais baixos, quais os apresenta o mundo terrestre, voluntário cárcere de sombra.

Tudo é santo nos círculos da Natureza, mas a inteligência que se elevou na escala do aperfeiçoamento moral não professará o magnetismo dos seres em movimentação primária, sem dano grave a si mesma.

A vida pede a nossa renovação permanente para chegarmos ao Sólio Divino, que lhe é meta fulgurante. Para isso é imprescindível aprender, transformar, agir e santificar, incessantemente, assimilando as ondas de vitalidade que nos cercam em nosso crescimento espiritual.

Confiarmo-nos a paixões bastardas será estabelecer linhas de forças repulsivas, que nos constrangem à demora na paisagem das sombras.

Acendermos a confiança e o entusiasmo na vitória do bem é formar linhas de forças atrativas, com as quais estruturamos para a nossa individualidade eterna um mundo vasto de felicidade, alegria e paz incessantes.

O homem é o distribuidor de cargas eletromagnéticas, geradas por ele mesmo, em toda parte.

O equilíbrio, portanto, é questão de toda hora.

Examinado em seus aspectos reais, o corpo físico é uma grande república federativa, onde as células, diferenciadas pela especialização, agem sob o comando da mente. Esses indivíduos microscópicos requisitam, porém, incentivo, nutrição e amparo, a fim de viverem convenientemente, e possuem também o seu campo vibratório circunscrito, dependendo de estímulos dessa natureza para se enquadrarem na harmonia necessária.

A missão de curar, deste modo, é muito mais a ciência de equilibrar os movimentos oscilatórios que a de socorrer o veículo somático; e somos obrigados a considerar que, ainda quando praticamos a clínica ou a cirurgia, é imprescindível ponderar a modificação do tônus vibratório de imensas colônias de protozoários, através de cargas elétricas de produtos químicos ou de golpes renovadores do bisturi, se desejamos alcançar a almejada restauração.

Cada alma vive e respira na atmosfera mental que estabelece para si mesma, em qualquer distrito do Universo.

Purifiquemos o pensamento, encaminhando-o às zonas superiores do nosso idealismo, buscando, simultaneamente, materializá-lo no terreno chão da luta diária, criando novos motivos de felicidade, de confiança, de luz e de alegria, na esfera de nossas horas vulgares, e a harmonia será a resposta divina aos nossos empreendimentos.

Embaixo, a inteligência encarnada sofre a influência de pesado clima vibratório, em vastíssimo parque de contrastes e de experiências, na condição do aluno que se deve impor estudo e exercício para alcançar o conhecimento.

Em cima, resplandece a Lei Cósmica, retribuindo a cada criatura, no tempo e no espaço, conforme as próprias obras.

A ciência mental, com bases nos princípios que presidem à prosperidade do espírito, será, no grande futuro, o alicerce da saúde humana.

Saudando, assim, o porvir da Humanidade, exaltemos o Médico Divino que, sem usar sequer uma gota de elixir da Terra, atuou na mente do mundo, legando-lhe a fonte renovadora do Evangelho, com o qual, na esteira infinita das reencarnações, gradualmente nos ajustamos aos deveres da fraternidade e do trabalho, na real aplicação do "amemo-nos uns aos outros", aprendendo a subir, vagarosamente embora, o monte da glorificação espiritual.

37 Lembrete

Teresa D'Ávila

O mundo é cerâmica sublime, em pleno cosmos.

A carne é o barro; o Espírito é o oleiro.

Cada homem plasma seu destino de acordo com a própria vontade.

Há quem fabrique ânforas para o vinho do Senhor, e há os que modelam crateras para a cicuta do espírito.

Companheiro da Terra, faze da existência um vaso sagrado, em que a Divina Bondade se manifeste.

Na pobreza ou na abastança, na felicidade ou na desventura, não te esqueças de que a vida corpórea é divina argila em tuas mãos.

38 Conheçamo-nos

FARIAS BRITO

Asseverava o velho Heráclito: "quando os olhos acreditam observar alguma coisa de permanente, em verdade são vítimas da ilusão".

E o homem, que atravessa as reduzidas dimensões da experiência sensória, reconhece, de mais perto, a profunda realidade do asserto, quando consegue elevar-se no quadro conceptual da vida em si mesma.

Dentro do universalismo que a morte nos descerra, a consciência jungida à carne terrena é crisálida da inteligência infinita, em cuja grandeza o nosso "eu" se dilui e se amesquinha, aguardando a possibilidade de vir-a-ser, na expectativa da herança divina...

Aquele "tudo flui" da Filosofia grega patenteia-se claramente aos nossos olhos, quando, de ângulo mais alto no edifício dos fenômenos, podemos observar o contínuo evolver de tudo o que nos rodeia a atividade terrestre, no multifário aspecto do ser.

Tudo no mundo é transformação e renovação.

Falando à Terra | Conheçamo-nos

E o homem psíquico, diante do porvir glorioso a que se destina, é, ainda, a larva mental no ventre da Natureza.

Conhecermo-nos é o primeiro dever imposto pela razão pura.

Penetrar a essência da nossa mais íntima estrutura, para descobrir nossa individualidade incorruptível, investindo-nos na posse de nossos títulos morais, constitui o passo fundamental para o engrandecimento filosófico, dentro do qual resolveremos os antigos e sombrios enigmas da alma humana.

Ocioso, assim, é encarecer agora os estéreis conflitos da ideia ou da palavra, de que já nos libertamos.

Comentar o criticismo de Kant ou o positivismo de Auguste Comte, quando a flor do nosso entendimento desabrocha noutros climas, seria o mesmo que exigir à planta o inconsequente recuo à bolsa escura do solo, onde o gérmen desintegrou os efêmeros envoltórios da semente.

Disse Berkeley que toda a realidade jaz encerrada no Espírito. E não tenho hoje maior novidade além desta.

O progresso do homem e a purificação da alma representam, no fundo, expansão da consciência.

A mente encarnada é ponto minúsculo da Mente Universal, conservando estreita analogia com a célula aparentemente perdida no edifício orgânico, em cuja sustentação desempenha funções específicas. Contida na totalidade, mantém o potencial da grandeza cósmica, com deveres de maturação e burilamento; porque, somente além da catarse laboriosa de si mesma, consegue transcender o tipo normal de evolução no planeta; então, alarga-se em sensibilidade e conhecimento, dilata seu raio de ação em círculo cada vez mais vasto, supera as qualidades inerentes aos padrões vulgares em que se desenvolve, e os ultrapassa, assim se aproximando da glória imanente do Todo.

Eis porque, se me fora possível, proclamaria daqui, onde novos problemas me assoberbam o augusto raciocínio de aprendiz da verdade, a lógica simples do Espiritismo como a base da escola filosófica mais imediata e mais aceitável à média intelectual do mundo.

Não há vida sem morte, nem expansão sem dilaceramento.

A santificação em alicerces do saber e da virtude é obra de crescimento, de esforço, de luta.

O *outro mundo* é esfera de matéria quintessenciada, em que nossas qualidades se destacam.

Não existe milagre.

Os únicos mistérios do Céu e do Inferno palpitam em nós mesmos.

A vida é onda contínua e inextinguível a manifestar-se em diversos planos. E a individualidade é um número consciencial, que, ou se ilumina, afinado com os valores de sublimação, ou se obscurece, em contato com os fatores de embrutecimento a que se prenda, em vibrações de baixa frequência.

Cada alma sente e atua pelo grupo de seres em ascensão ou em estagnação a que se incorpore, na economia do Universo.

Falando à Terra | Conheçamo-nos

O mundo, com os seus múltiplos departamentos educativos, é escola onde o exercício, a repetição, a dor e o contraste são mestres que falam claro a todos aqueles que não temam as surpresas, aflições, feridas e martírios da ascese. E dentro dele, na atualidade das pesquisas filosóficas em que procuramos eleger a Psicologia para sentar-se no trono da ciência e legislar sobre os seus princípios e indagações, o Espiritismo, banhado pelas claridades do Evangelho, é o melhor caminho de elevação e a fórmula mais simples de auxiliarmos o pensamento popular e o sentimento comum, no serviço regenerativo, em função de aperfeiçoamento.

É por isto que, voltando a escrever algumas palavras para os companheiros de jornada do nosso século, engrandecido por singulares realizações da inteligência e atormentado por amargas desilusões, não me praz o comentário clássico dos doutrinadores mergulhados na corrente profunda das observações e das deduções, para só repetir, de mim para comigo, as corriqueiras e sublimes palavras do velho oráculo sempre novo: "Homem, conhece-te a ti mesmo!"

39 Visão nova

Inácio Bittencourt

Você pergunta quais as primeiras sensações do "eu", além da morte, e eu devo dizer, antes de tudo, que é muito difícil entender, na carne, o que se passa na vida espiritual.

As ilusões da vida comum são demasiado espessas para que o raio da verdade consiga varar, de pronto, a grossa camada de véus que envolvem a mente humana.

Há vastíssima classe de pessoas que se agarram às situações interrompidas pelo túmulo com o desespero somente comparável às crises da demência total.

Para nós, entretanto, que possuímos algum discernimento, por força da autocrítica, que não somos nem santos nem criminosos, as impressões iniciais de Além-Túmulo são de quase aniquilamento.

Só então percebemos a nossa condição de átomos conscientes. À nossa frente, os valores diferem numa sucessão de mudanças imprevisíveis. Há transformações fundamentais em tudo o que nos cerca.

O que nos agradava é, comumente, razão para dissabores, e o que desprezávamos passa a revestir-se de importância máxima.

A intimidade com os outros mundos, tão celebrada por nós, os espiritistas, continua a ser, como sempre, um grande e abençoado sonho... De quando em quando, o obreiro prestimoso, na posição do aprendiz necessitado de estímulo, é agraciado com uma ou outra excursão de mais largo voo, mas sempre condicionado a horário curto e a possibilidades restritas de permanência fora de seu habitat, o que também ocorre aos investigadores da estratosfera que vocês conhecem aí: viagens apressadas e rápidas, com limitação de ausência e reduzidos recursos de sustentação.

Incontestavelmente, grandes vultos da Humanidade gloriosamente vivem em outros climas celestes; mas, falando da esfera em que nos encontramos, compete-me afirmar que é ainda muito remota para nós qualquer transferência definitiva para outros lares suspensos da nossa comunidade planetária. Mercúrio, Vênus, Marte, Júpiter, Saturno, Urano e Netuno, importantes companheiros da Terra, no sistema presidido pelo nosso Sol, acham-se a milhões e milhões de quilômetros. A própria Lua, considerada dependência terrestre, rola a centenas de milhares de quilômetros.

E as constelações mais próximas?

Você já imaginou o que seja o Espaço, esse domínio imenso, povoado de forças espirituais que ainda não conseguimos compreender em seus simples rudimentos? Já calculou o que seja esse plano infinito, onde a luz viaja com a velocidade de trezentos mil quilômetros por segundo?

Francamente, hoje creio que um homem, dentro do nosso reino solar, é, comparativamente, muito menor que uma formiga no corpo ciclópico da montanha onde se oculta.

Sentindo-nos, assim, quase na condição de ameba pensante, somos, depois do transe carnal, naturalmente constrangidos a singulares metamorfoses do senso íntimo. Sempre nos supomos figuras centrais no mundo e acreditamos ingenuamente que o nosso desaparecimento perturbará o curso dos seres e das coisas; contudo, no dia imediato ao de nossa partida, quando é possível observar, reparamos que os corações mais afins com o nosso providenciam medidas rápidas para a solução de quaisquer problemas nascidos de nossa ausência.

Se deixamos débitos sob resgate, pensamentos pungentes daí se desfecham sobre nós, cercando-nos de aflições purgatoriais; e se algum bem material legamos aos descendentes, é preciso invocar a serenidade para contemplarmos sem angústia os tristes aspectos mentais que se desenham ao redor do espólio.

A vida, porém, prossegue imperturbável, e nós precisamos acompanhar-lhe o ritmo na ação renovadora e constante.

Somos, assim, atribulados por enormes problemas.

Não será mais possível prosseguir com as ilusões a que nos agarrávamos entre os conceitos provisórios e os títulos convencionais, e nem podemos, de imediato, penetrar nos serviços da Espiritualidade Superior, por nos faltarem credenciais de luz íntima, com o amor e a sabedoria por bases.

Resta-nos, pois, diante das transformações inelutáveis da morte, recomeçar humildemente aqui o velho curso de aperfeiçoamento moral, reaprendendo antigas lições de simplicidade e de serviço; e, quando nos comunicamos entre os homens de boa vontade, é natural não sejamos os espíritos iludidos de ontem, mas os discípulos da verdade, no presente imperecível, edificados na integração mais perfeita com os princípios de Jesus, nosso Mestre e Senhor, não obstante a nossa demora multissecular em pleno jardim da infância.

40 Esperança

Viana de Carvalho

Se a noite o surpreendeu de coração ferido ou de cérebro azorragado por amargos arrependimentos, não se renda à dor que lhe parece irremediável...

Enquanto a sombra se estende ao longo do caminho, e a ventania sopra, qual lamentoso grito de angústia, fite as estrelas que cintilam nas alturas e siga adiante, ao encontro do novo dia.

Não pode? Tremem-lhe os pés sob o fardo da aflição? Enrijeceram-se-lhe as fibras da alma e não consegue nutrir um novo sonho?

Erga uma prece à Esperança, o gênio da luz que nos permite antever o porvir imenso. Recolha-se à oração e ela virá, doce e infatigável enfermeira, balsamizar-lhe as chagas interiores e sustentar-lhe as energias semimortas.

Atenda-lhe o apelo carinhoso e prossiga sem desfalecimento.

Não o embote o entorpecente elixir da inércia ou o fel corrosivo do sofrimento.

Falando à Terra | Esperança

Aceite as sugestões do gênio amigo e reflita...

Sentirá no próprio coração dores maiores que a sua, os pavores dos grandes infelizes, as úlceras cancerosas de milhões que, até agora, você não conseguira ver.

Então, inefável consolo baixará do Céu sobre a sua dor, aquietando-lhe a ânsia. Inexprimíveis sentimentos desabrocharão em seu espírito, e seus braços se abrirão para acolher as ignoradas mágoas dos seres mais humildes da Terra.

Nem todos sabem avaliar essa virtude celeste. Muitos a transformam em vinagre de impaciência ou em tortura mortal, convertendo-lhe a benção em estilete da enfermidade.

Felizes, porém, daqueles que lhe guardam a sublime claridade no imo do espírito, porque verão a sabedoria do tempo, adquirindo com a vida a ciência da paz.

Espera! – diz a noite – o dia voltará.

Espera! – clama a semente – o fruto não tarda.

Espera! – anuncia a justiça – e tudo recomporei.

Bem-aventurados, pois, quantos no mundo sabem aprender, servir e esperar!

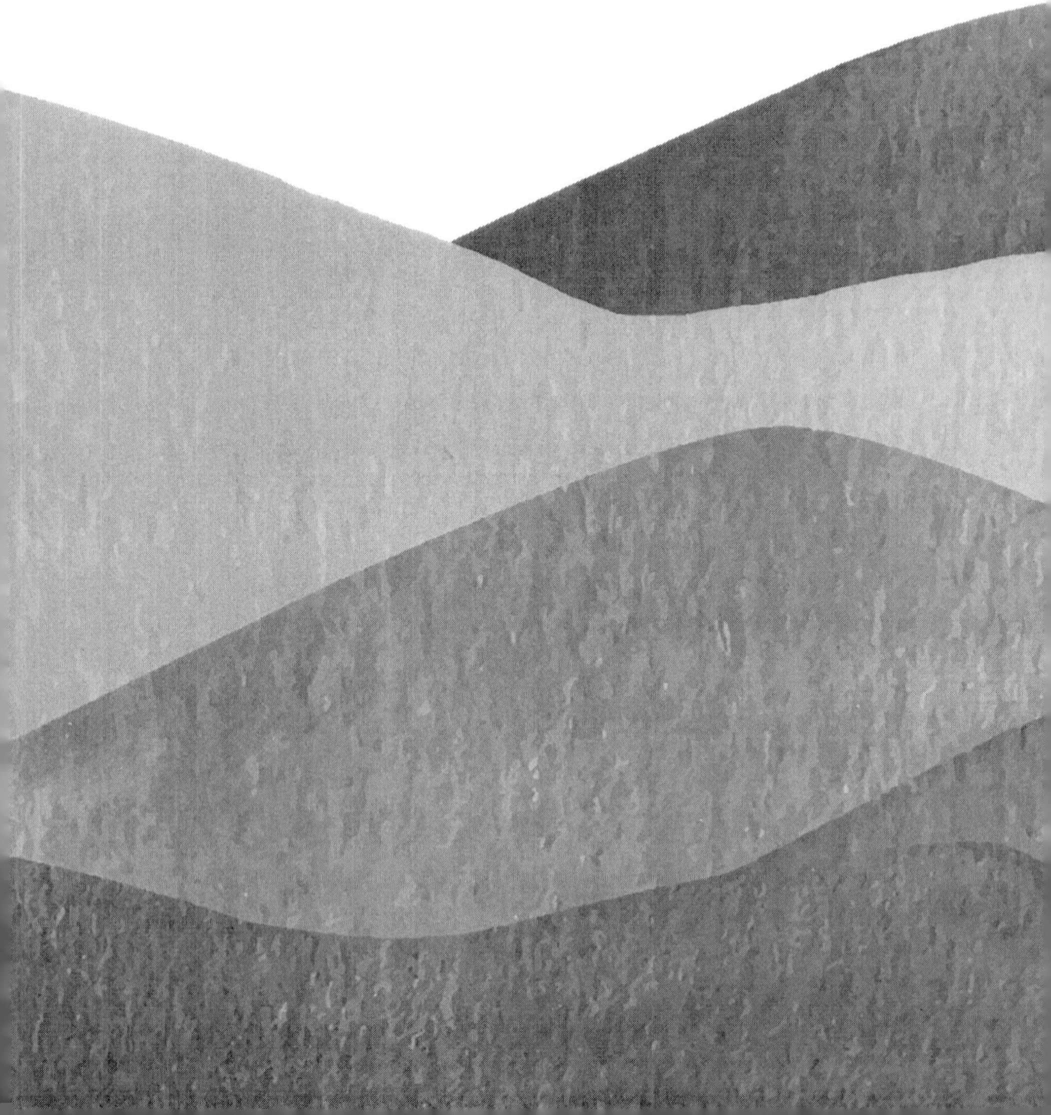

Súmula biográfica dos autores

ABEL GOMES (1934)[8] – Professor, jornalista, cronista e poeta mineiro. Foi propagandista valoroso e devotado do Espiritismo e do Esperanto, legando à literatura pátria páginas cheias de beleza e simplicidade. Viveu uma vida de exemplos evangélicos..64

ANÁLIA FRANCO (1919) – Professora diplomada, educadora de grandes dotes intelectuais e morais. Fundou quase uma centena de escolas. Benemérita protetora da infância desamparada, criou vários asilos em São Paulo e erigiu, no Rio, a bela obra que é hoje o *Asilo de Órfãos Anália Franco* 89

ANDRE DE CRISTO, Frei (1689) – Frade mercenário português, desencarnado no Maranhão, patriota, apreciado pregador, poeta, professor de Filosofia e de Teologia Moral. Famoso pela sua grande sabedoria e por suas virtudes 49

---

8 O número entre parênteses, em todos os Autores, indica o ano de desencarnação deles.

ANTÔNIO AMERICANO DO BRASIL (1932) – Médico, historiador, literato. Deputado federal de grande cultura. Militou particularmente em Goiás, seu Estado natal, onde seu nome permanece aureolado de respeito e admiração.. 206

BARTOLOMEU DOS MARTIRES, Frei (1590) – Famoso orador e escritor português. Autor de várias obras, na sua maioria místicas. Douto, caritativo e humilde, queria um clero sem fausto. Arcebispo de Braga contra a sua vontade, resignou depois a este posto e se recolheu ao anonimato de sua cela 154

BENTO PEREIRA, Padre (1535) – Jesuíta espanhol, de origem portuguesa, nascido em Valença. De muita erudição, deixou obras de grande valor.. 140

BULHÃO PATO, Raimundo Antônio de (1912) – Poeta e prosador português, nascido em Bilbau (Espanha). Linguagem cheia de colorido, correção e vivacidade. Tradutor e historiador. Viveu sempre na intimidade dos grandes, mas nunca requereu para si qualquer benesse ou honraria ... 197

DEMÉTRIO NUNES RIBEIRO (1931) – Distinto escritor e político brasileiro. Professor, jornalista e engenheiro. Ardoroso propagandista dos ideais republicanos, chegando a fazer parte do governo provisório da República.................38

DEODORO DA FONSECA, Manuel (1892) – Marechal brasileiro. Proclamador da República no

Brasil, em 1889, sendo seu primeiro Presidente. Bravo militar e coração generoso. Terminou sua vida num insulamento voluntário 33

FABIANO DE CRISTO, Frei (1747) – Célebre religioso capuchinho do Rio de Janeiro. Deixou admiráveis tradições de caridade e humildade cristãs. O povo tinha-o como um santo e muito pranteou a sua perda 17

FARIAS BRITO, Raimundo de (1917) – Advogado, político e professor. Foi porém, como filósofo propriamente dito, a mais alta expressão no Brasil. Neste sentido, sua obra é pujante e revela elevado engenho filosófico, a par de um senso crítico insuperável. Espiritualista. Tolerante, benevolente e simples 214

FERNANDO DE LACERDA (1918) – Famoso médium psicógrafo português, desencarnado no Brasil. De sua lavra mediúnica saíram preciosos livros que comprovam, irrefutavelmente, a sobrevivência do ser e que honram a Língua Portuguesa. Cruciaram-no dores físicas e morais 57

FRANCISCO DO MONTE ALVERNE, Frei (1858) – Religioso franciscano nascido no Rio de Janeiro. Eloquente orador sagrado. Saber profundo e sincera dedicação à Religião e à Pátria. Reputado grande teólogo e filósofo. Seus sermões são preciosos documentos de boa linguagem e sã doutrina 44

Falando à Terra | Súmula biográfica dos autores

FRANCISCO Rafael da Silveira MALHÃO, Padre (1860) – Pregador português de grande nomeada. Seus sermões são verdadeiros primores de linguagem e doutrina. Foi chamado o "Lacordaire português" 152

FRANCISCO VILELA BARBOSA, Marquês de Paranaguá (1846) – Matemático ilustre, estadista, tendo sido ministro de várias pastas. Patriota e monarquista, relevantes serviços prestou ao Brasil. Seus trabalhos poéticos revelam sentimento lírico e delicadeza de espírito. Era de caráter firme, independente e probo a toda prova. Antes de falecer destruiu todos os seus escritos 161

INÁCIO BITTENCOURT (1943) – Valoroso propagandista do Espiritismo Cristão no Brasil. Médium receitista extremamente devotado à causa da caridade, tornou-se muito admirado e querido. Por duas vezes ocupou a vice-presidência da Federação Espírita Brasileira, em cuja tribuna frequentemente fazia ouvir sua inspirada palavra 218

ISABEL DE CASTRO (1724) – Notável dama portuguesa, senhora de grande ilustração e prendada pintora de sua pátria. Suas telas e seus escritos foram muito aplaudidos 129

JOANA ANGÉLICA de Jesus, Madre (1822) – Abnegada e valorosa freira baiana. Dedicou toda a sua vida a Deus e à glória maior do convento que dirigia, à porta do qual desencarnou heroicamente, varada pelas baionetas inimigas. Os brasileiros veneram-na como mártir 29

JOANA Gomes DE GUSMAO (1780) – Ilustre dama paulista, admirável pela sua vida de peregrinações e devoção. Irmã do célebre Padre Bartolomeu Lourenço de Gusmão. Chamavam-lhe "Mulher Santa", imortalizou-se pelo seu valoroso espírito de trabalho, lealdade e fé 116

JOÃO DE BRITO, Padre (1693) – Foi o último imitador português dos grandes apóstolos do século XVI, o "segundo Xavier" pelo seu abnegado missionarismo em terras da Índia, onde sofreu perseguições e, por fim, o martírio. Esteve no Brasil. Célebre pela sua vida de santidade, de constância e firmeza 107

JOAQUIM ARCOVERDE de Albuquerque Cavalcanti, Dom (1930) – Arcebispo do Rio de Janeiro e primeiro cardeal brasileiro. Ilustre prelado de notável cultura e de inteligência ativa e brilhante. Deixou grande número de pastorais 131

JOAQUIM Duarte MURTINHO (1911) – Natural de Mato Grosso. Engenheiro civil, professor da Escola Politécnica, exerceu cargos políticos, tendo sido uma das grandes figuras da República. Médico homeopata de renome, humanitário, piedoso, até mesmo para com os animais 143

J(osé) A(ntônio) NOGUEIRA (1947) – Brilhante jurista e eminente magistrado brasileiro. Espiritista. Escritor suave e de forte personalidade. Crítico penetrante. Suas obras, e principalmente "Amor Imortal", mereceram o elogio de renomados autores brasileiros 163

LEOPOLDO FRÓIS (1932) – Glória do teatro brasileiro. Ator e empresário, tendo montado várias peças suas e de outros autores. Primeiro presidente da Casa dos Artistas. Espírito sutil, de elevada capacidade de improvisação. Desencarnou na Suíça 52

LUÍS Gonzaga Pinto da GAMA (1882) – Nasceu de mãe liberta, mas por muitos anos suportou o guante da escravidão. Libertando-se, veio a ser advogado, e lançou o grito de revolta contra o cativeiro. Orador ardoroso, jornalista temido e apreciado autor literário 84

LUÍS OLÍMPIO TELES DE MENEZES (1893) – Ao dinamismo e amor à causa espírita deste respeitável baiano se deve a fundação do primeiro periódico espírita em terras brasileiras – *O Eco d'Além-Túmulo*. Pioneiro do Espiritismo no Brasil. Professor, militar e taquígrafo. Índole reta e corajosa 124

MÂNCIO DA CRUZ, Frei (1621) – Monge beneditino português, muito versado em Teologia Escolástica e Positiva. Geral de sua Congregação. De grande cultura 149

MARIA LACERDA DE MOURA (1945) – Emérita educadora e escritora brasileira. Inteligência enérgica, idealista e renovadora. Dotada de profunda penetração nos problemas da sociologia e da filosofia contemporâneas, deixou estudos e produções que lhe imortalizam a memória 200

MARIANO JOSÉ PEREIRA DA FONSECA, Marquês de Maricá (1848) – Nasceu no Rio de Janeiro, tendo ocupado no País cargos políticos dos mais elevados. É autor de *Máximas, pensamentos e reflexões*, sua obra capital, que o glorificou como moralista e filósofo eméritos 177

MEDEIROS E ALBUQUERQUE, José Joaquim de Campos da Costa de (1934) – Pernambucano de talento multiforme. Poeta, contista, novelista e crítico. Brilhante jornalista e conferencista. Membro fundador da Academia Brasileira de Letras. Autor de preciosa bagagem literária 20

MIGUEL de Oliveira COUTO (1934) – Cientista, professor da Faculdade Nacional de Medicina, membro da Academia Nacional de Medicina e da Academia Brasileira de Letras. Larga projeção no cenário científico do País, com repercussão no estrangeiro. Deixou trabalhos de real valor científico. Benfeitor estimado e respeitado pelo povo e pela Classe Médica 208

MÚCIO Scoevola Lopes TEIXEIRA (1926) – Prosador, dramaturgo e poeta gaúcho. Membro de diversas Associações literárias e cientificas, nacionais e estrangeiras. Gozava da simpatia e da proteção de D. Pedro II. Deixou uma boa quantidade de obras 175

Falando à Terra | Súmula biográfica dos autores

PAULO BARRETO (1921) – Muito escreveu sob o pseudônimo de "João do Rio". É vasta e variada a sua produção literária, sendo inesquecível por suas crônicas e contos, cheios de sutileza e penetração. Jornalista, crítico e conferencista. Membro da Academia Brasileira de Letras 119

ROBERT SOUTHEY (1843) – Poeta, historiador e crítico inglês. Viajou por Portugal e Espanha. Em Lisboa se deu ao estudo da Língua e da Literatura portuguesa e espanhola. Sem nunca ter vindo à América, escreveu a *História do Brasil*, obra clássica e sumamente apreciada 109

ROMEU do A(maral) CAMARGO (1948) – Bacharel em Direito. Professor de reconhecida capacidade e escritor paulista sobejamente admirado. De grande cultura bíblica, foi ardoroso propagandista e defensor do Espiritismo. Deixou preciosas obras doutrinárias 92

RUY BARBOSA (1923) – Estadista e jurisconsulto brasileiro. Primoroso estilista. Vasta erudição. Grande eloquência. Foi um dos fundadores da República no Brasil. Desempenhou um papel preponderante na formação e evolução da nacionalidade brasileira. Membro fundador da Academia Brasileira de letras. Um dos maiores escritores da Língua Portuguesa, glória luminosa do Brasil 11

SÍLVIA SERAFIM (1936) – Escritora e jornalista carioca, respeitada pelo talento e por seus altos dotes de espírito. Colaborou em vários jornais do Rio e de São Paulo.

Suas obras são leves e envolvidas de sentimentalismo e emoção. A última fase de sua vida pontilhou-se de sofrimentos físicos e morais. Suicidou-se 156

SOUSA CALDAS, Padre Antônio Pereira de (1814) – Poeta e orador sagrado, nascido no Rio de Janeiro. Legou às letras pátrias preciosas composições, sendo considerado por vários críticos o mais notável poeta sacro da língua Portuguesa 159

TERESA D'ÁVILA (1582) – Mais conhecida por Santa Teresa de Jesus, célebre mística espanhola, intitulada "Virgem Seráfica" pela igreja. Reformadora da Ordem das Carmelitas. Seus escritos são singelos, humildes, cândidos, e tidos como os mais belos monumentos da Língua Castelhana. Êxtases, visões, levitações, transportes foram alguns dos fenômenos mediúnicos nela observados. Muitas vezes escrevia inconscientemente, tal como um psicógrafo automático 213

VIANA DE CARVALHO, Manuel (1926) – Engenheiro militar brasileiro. Conferencista espírita de vibrantes rasgos de eloquência, arrebatava qualquer auditório. Polemista vigoroso e intrépido. Foi um verdadeiro bandeirante das ideias espíritas em todo o Brasil............ 222

Índice geral[9]

Afinidade
  agrupamento segundo
  impositivos – 11

Albuquerque, Medeiros
e, Espírito
  Bernheim – 03
  Braid – 03
  Charcot – 03
  cogitações religiosas – 03
  De Puységur – 03
  Lauro Muller – 03
  Liébeault – 03
  Manuel Ramos – 03
  morte – 03
  vida nova – 03

Além túmulo
  acontecimentos – 11
  caminhos – 32
  surpresa do sacerdote – 21
  tarefas de renunciação – 11

Alma(s)
  certeza da sobrevivência – 09
  certeza na sobrevivência – 19
  choque de retorno – 14
  cura de *, Elias Gomes, padre – 18
  desligamento da existência
  carnal – 11
  emersão da * do passado
  obscuro – 36
  libertação da * sem apego
  à retaguarda – 11
  mecanismo – 14
  primeira * à espera do
  Anjo da Passagem – 24
  princípios eletromagnéticos – 36
  provas justas do sofrimento – 04
  segunda * à espera do Anjo
  da Passagem – 24
  sombrios enigmas da
  * humana – 38
  terceira * à espera do Anjo
  da Passagem – 24

---

[9] N.E.: Remete ao capítulo.

Falando à Terra | Índice geral

tragédia da * no purgatório humano – 34
volta ao mundo – 17

Aluno valioso
reprodução da lição recebida – 32

Amor
clima do Universo – 15
conceito – 15, 34
religião da vida – 15
vitória do * no coração do homem – 04

Andrade, Lameira de
aplicação de passes – 14
cicerone bondoso e amigo vigilante – 14
elucidações – 14
Espírito desencarnado – 14
Romeu A. Camargo, Espírito – 14

André de Cristo, Espírito
Ensinamento, O – 08

Angélica, Joana, Espírito
Paz e luta – 04

Animalidade
avanço da * para a humanidade – 36

Anjo da Passagem
três almas à espera – 24

Aperfeiçoamento
recomeço do curso de * moral – 39

Apóstolos, ministério
dia de Pentecostes – 20

Arcoverde, Joaquim, Espírito
Penitência – 21

Arrependimento
dor irremediável – 40

Asilo
casa abençoada – 43

Barbosa, Francisco Vilela, Espírito
Página breve – 29

Barbosa, Ruy, Espírito
causa da liberdade – 01
Igreja primitiva – 01
morte – 01
oração – 01
Oração ao Brasil – 01
reencarnação – 01, nota; 01

Barreto, Paulo, Espírito
Conto simples – 18

Bem
crença – 20

Bernardo, São
salvador de viajantes perdidos nas trevas – 03

Bittencourt, Inácio, Espírito
Visão nova – 39

Boa-Nova *ver também* Espiritismo
Brasil – 16
vida cristã – 07

Brasil
Árvore do Evangelho – 01
Boa-Nova renascente – 16

Falando à Terra | Índice geral

família venturosa do Cristianismo – 01
gigante da América – 16
heroísmo silencioso – 01
hora atual – 16
inspiração redentora – 01
Oração ao * e Ruy Barbosa – 01
progresso na prática do Evangelho –16

Brasil, Antônio Americano do, Espírito
   Tudo claro – 35

Brito, Farias, Espírito
   Conheçamo-nos – 38

Brito, João de, Espírito
   Amor – 15

Çakyamuni
   príncipe – 07

Caldas, Souza, Espírito
   Salomão, De – 28

Camargo, Romeu A., Espírito
   desprendimento – 14
   hospital de emergência – 14
   Lameira de Andrade – 14
   literatura espiritualista – 14
   Retorno, De – 14

Caminha, Pero Vaz de
   Manuel, Dom – 16

Caridade
   aliança da * à censura – 32
   alicerce à felicidade – 06
   apelo suave – 02
   auxílio na libertação – 14
   conceito – 02

Fabiano de Cristo – 02
Jesus – 02
obediência às normas – 02

Carta Magna de 1891
   Proclamação da República – 05

Carvalho, Viana de, Espírito
   Esperança – 40

Castro, Isabel de, Espírito
   Um dia – 20

Cemitério
   nivelamento das criaturas – 32

Ciência
   terra preciosa sem a semente – 19

Ciência mental
   alicerce da saúde humana – 36

Círculo doméstico
   retorno ao * com êxito – 14

Colombo
   viagem ao Mundo Novo – 20

Comte, Auguste
   positivismo – 38

Consanguinidade
   inimigos no ensejo da convivência – 11

Consciência
   aumento do poder – 36
   crisálida da inteligência
   infinita – 38
   expansão – 38
   martírio da * dilacerada – 11
   problema fundamental – 11

resíduos de lembranças
deploráveis – 11
sopro da desencarnação
na * esclarecida – 35
sublimidade do Evangelho
e * humana – 16

Coração
divino profeta da
imortalidade – 13
toque do amor fraterno – 02
virtude no * para o serviço
renovador – 21

Coragem
temeridade, valor moral – 32

Corpo
comando da mente – 36
prolongamento do Espírito – 23
retorno do * ao berço – 14
saúde do *, harmonia
espiritual – 23

Corpo espiritual *ver
também* perispírito
visão no estado de liberdade – 14

Couto, Miguel, Espírito
Mentalismo – 36

Criador *ver* Deus

Cristianismo
apologia do sofrimento – 07
família venturosa – 01
movimento transformador
do mundo – 21
serviço de aplicação – 16

Cristo *ver também* Jesus
compreensão do madeiro – 34
ensinamentos – 21
pensamento do * sob a
luz do Cruzeiro – 16

Cristo, Fabiano de, Espírito
Caridade – 02

Cruz redentora
enobrecimento dos ombros – 34

Cruz, Mâncio da, Espírito
Três almas – 24

Cultura
arma pacífica contra
a discórdia – 06

Cura
ciência de equilibrar os
movimentos oscilatórios – 36

D'Ávila, Teresa, Espírito
Lembrete – 37

De Jussieu, Antoine Laurent
fundador da botânica
moderna – 03,
nota

Derrota
pior – 32

Deus
conceção dos recursos – 26
definições absolutas – 32
mãos de * no amparo da alma – 27
oração, pregação – 08
resposta – 26

Falando à Terra | Índice geral

Dia de Pentecostes
  ministério dos Apóstolos – 20
Dificuldade política
  cura – 05
Discípulo
  chamamento de Jesus – 22
  grande batalha – 22
Divino Crucificado *ver* Jesus
Divino Herói
Crucificado *ver* Jesus
Divino Libertador
ver também Jesus
  extinção da escravocracia – 12
  missão – 12
Divino Restaurador *ver* Jesus
Divino Semeador *ver*
também Jesus
  semente, crescimento e
  frutificação – 25
Doença
  condições de harmonia – 23
  surgimento – 23
Dom mediúnico
  provação e sacrifício – 19
Dor
  arrependimento e *
  irremediável – 40
  conceito – 06
  cursos de aprimoramento – 32
  envio da * ao homem rude – 33

Doutrina Consoladora *ver*
Espiritismo Egoísmo
  condenação – 02
  inferno – 17
  monstros – 06
Enfermidade
  crescimento – 23
  medicamento – 27
Envoltório somático *ver* corpo
Escola
  templo da luz divina – 06
Espaço
  conceito – 11, 39
Esperança
  gênio da luz – 40
Espiritismo
  abolição do inferno – 19
  ampliação do conceito – 19
  aprendiz – 14
  claridade no indivíduo – 19
  construção da fé nova – 19
  Deodoro da Fonseca, Espírito – 05
  lógica do *, base da filosofia – 38
Espírito(s)
  campo magnético adverso – 23
  educação – 06
  Esferas Resplandecente – 07
  exame dos * conscientes – 19
  lavoura do *, amanho
  do campo – 25
  suspiro por ascensão – 04
  timoneiro do corpo – 32
Espírito acovardado
  comportamento – 09

Falando à Terra | Índice geral

Espírito superior
  carinho – 10
Espiritualidade
  relatório de Romeu A. Camargo – 14
Espólio
  aspectos mentais ao redor – 39
Eu
  deficiência de educação – 11
  primeiras sensações do * além da morte – 39
Evangelho
  consciência sublimada – 07
  prática do * no Brasil – 16
Evangelho de Nosso Senhor Jesus Cristo
  Espírito Superior – 07
  melhor tratado de imunologia – 23
Evolução
  estrada luminosa da * e da redenção – 27
Exemplo
  força contagiosa do mundo – 06
Família
  adversários do pretérito – 11
Fé
  convite da * ao homem rude – 33
  espíritos enobrecidos – 04
  grande luz – 19
  manifestação da * verdadeira – 32
  receituário para a cura – 23
  retorno da * ao Paraíso – 33

Fonseca, Deodoro da, Espírito
  Impressões – 05
  tribuna do Espiritismo – 05
Fonseca, Mariano José Pereira da, Espírito
  Reflexões – 32
Francisco do Monte Alverne, Espírito
  Evangelho – 07
Franco, Anália, Espírito
  Poema de mãe – 13
Fraternidade
  cultivo da * na terra brasileira – 16
  grão de amor – 32
Freud
  diagnose espiritual da Humanidade – 34
Fróis, Leopoldo, Espírito
  Definição – 09
Fruto verde
  simbologia – 14
Furtado, Malaquias
  arrebatamento ao País da Luz – 18
  arrependimento do passado – 18
  caminho do Céu – 18
  chamado do Inferno – 18
  desviar da estrada celeste – 18
  Elias Gomes, padre – 18
  passagem para o Céu – 18
  renovação espiritual – 18
  roteiro do Paraíso – 18

Falando à Terra | Índice geral

Gama, Luís, Espírito
  Além, Do – 12

Gigante da América
  Brasil – 16

Gomes, Abel, Espírito
  notícias – 11

Gomes, Elias, padre
  caminho para o Céu – 18
  cura de almas – 18

Grand-Guignol
  formação do * da vida – 09

Gusmão, Joana de, Espírito
  Insensatez – 17

Harmonia Divina
  quebra – 36

Hipersensibilidade
  vibratilidade da alma – 23

Homem
  estruturação fisiopsíquica – 36
  felicidade – 23
  inquilino da carne – 23
  ponto de vista moral – 16
  procedimento do * iluminado – 32
  reconhecimento da própria ignorância – 32
  serviço de purificação – 23

Homem prático
  seres rudimentares do mundo – 10

Homem psíquico
  larva mental no ventre da Natureza – 38

Homem rude
  convite da Fé – 33
  envio da Dor – 33
  escravo da Natureza – 33
  gratidão pelo repasto – 33
  inconsciência – 33

Humanidade
  Freud e diagnose espiritual – 34

Idade Média
  negrume – 01

Ignorância
  flagelo da Terra – 06
  mentiroso domínio da *
  sobre a tirania – 29

Igreja
  conservatório de música – 16
  cultura sentimental – 11
  erro na estrutura política – 21
  orientadora maternal das criaturas – 21

Indisciplina
  favorece a subversão – 21

Inferno
  chamado para o *, Malaquias Furtado – 18
  pesadelo, remorso – 11

Infinita Sabedoria
  encontro – 31

Inspiração
  brilho da * em todas as épocas – 29

Instituição católico-romana
  reorganização dos quadros – 21

Isaías
  profecia – 12

Jesus
  apostolado da hora primeira – 16
  apostolado na Terra – 06
  Boas-Novas de Salvação – 01
  caridade – 02
  consagração do espírito
  ao apostolado – 21
  desculpa e esquecimento
  do mal – 04
  escopro do verdadeiro bem – 07
  gloriosa missão – 20
  Isaías, profecia – 12
  letras sagradas do Evangelho – 06
  permanência de
  *independentemente do
  credo individual – 21
  resposta aos enigmas
  do caminho – 07

Judas
  traição a si mesmo – 20

Kant
  criticismo – 38

Lacerda, Fernando de, Espírito
  consagração à mediunidade – 10
  desencarnação – 10
  esgotamento – 10
  Voltando – 10

Lampreia, Camelo
  embaixador – 03

Lei do trabalho
  modificação – 26

Lei Natural do Progresso
  ajustamento – 11

Libelo
  mera demagogia – 34

Libertação mental
  cruzada – 11

Língua
  veneno da * maldizente – 32

Luz
  missão – 19
  vanguardeiros da * e do amor – 11

Madalena
  ofereceu-se à virtude – 20

Mãe
  elevação ao santuário da
  fraternidade – 13
  felicidade – 13
  filho de minha ternura – 13

Malhão, Francisco, Espírito
  Se semeias – 25

Manuel, Dom
  Pero Vaz de Caminha – 16

Mártires, Bartolomeu
dos, Espírito
  Dentro de nós – 26

Matadouro
  exigência – 10

Medicina
  progresso do mentalismo – 36

Medicina preventiva
  admissão – 10

medicação religiosa – 10
Médico Divino *ver também* Jesus
fonte renovadora do Evangelho – 36

Médium(ns)
cabeça de ponte do Mundo Espiritual – 10
companheiros de boa luta – 19
ídolos do Céu – 19
problema do * no Cristianismo – 10

Melhor
é aquele – 28, nota

Menezes, Bezerra de, Espírito
Frederico Junior, médium – 03
primeira mensagem – 03

Menezes, Luís Olímpio Teles de, Espírito
Avançando – 19

Mente
energia desordenada, * aflita – 23
forças que procedem das constelações – 36
nossa * rasteja na argila vil – 35
projeção da * em nitidez crescente – 35

Mente Universal
mente encarnada – 38

Mesmer, Frederico, magnetizador
Manuel Ramos – 03

Medeiros e Albuquerque – 03
Mestre *ver* Jesus
Mestre da Galileia *ver* Jesus

Milagre
inexistência – 07

Miséria
flagelo da Terra – 06

Morte
além da * do corpo – 11
aliança às paixões – 11
banho revelador da verdade – 35
burilamento além – 19
caixa de surpresas – 12
caminho surpreendente – 14
condenação à *, salário digno – 01
início da * de um homem – 32
novo passo na jornada do grande ideal – 34
postura do sacerdote – 21
processo revelador – 12
reencontro da vida além – 27
retificação de atitudes errôneas – 11
rigorosa seleção das almas – 32
Ruy Barbosa – 01

Moura, Maria Lacerda de, Espírito
Longe, De – 34

Muller, Lauro
campanha popular – 03
ex-ministro de Venceslau Brás – 03

Mundo(s)
intimidades com os outros – 19
partida para outro – 11

Murtinho, Joaquim, Espírito
Saúde – 23

Natureza
sagrado altar de Deus – 17

Nogueira, J. A., Espírito
aproximação do fim do corpo – 30
corpo leve e ágil como nunca – 30
mensageiro materializado – 30
recordação do lar terrestre – 30
revisão do pretérito – 30
Tempo, O – 30

Novo Lar do Evangelho
mundo de regeneração – 05

Oração
doce enfermeira – 40

Orfanato
casa abençoada – 06

Organismo espiritual
ver perispírito

Orgulho
mentira – 17

Orientador da Humanidade *ver* Jesus

Outro mundo
esfera de matéria quintessenciada – 38

Padre *ver* sacerdote

Pastor *ver* sacerdote

Pato, Bulhão, Espírito
Juiz compassivo, O – 33

Paulo, apóstolo – 08

Paz
equilíbrio – 04
fruto divino do coração – 30
sementeira de simpatia – 11

Pedro, D. II – 01, nota

Pensamento
efeitos – 23
purificação – 36
renovação incessante – 31

Pereira, Bento, Espírito
Senda, Na – 22

Perispírito
ciência comum – 11
deformidades psíquicas – 11
núcleos de energia – 14

Pilatos
suicídio – 04

Poder
gera a revolta – 21

Povo
família espiritual – 05
narrativa de adivinho do * de Israel – 10

Prece dominical – 08

Preguiça
clarão das realidades eternas – 28

Preguiçoso
confiança no acaso – 32

Privilégio
inexistência – 26

Providência Divina
ver também Deus
   culto – 31

Ramos, Manuel
   aureolado de sublimada luz – 03
   Casa dos Espíritas, Paris – 03
   magnetismo – 03
   Medeiros e Albuquerque – 03
   reencarnações passadas – 03
   sessões espíritas – 03

Reencarnação
   escola do mundo – 17

Reino Divino
   notícias – 08

Religião(ões)
   ensinamentos, fórmulas – 14
   viveiro de almas – 21

Reminiscências
   Medeiros e Albuquerque – 03

República do Brasil
   proclamação – 05

Revelação Nova *ver* Espiritismo

Ribeiro, Demétrio Nunes, Espírito
   Escola, A – 06

Sacerdote
   arrebatamento dos símbolos da fé – 21
   núcleo do rebanho – 21
   pompa do culto externo – 21
   referência para milhões de almas errantes – 21
   renúncia de si mesmo – 21
   surpresa do * ante o Além-Túmulo – 21
   virtude, divina moeda – 21

Salvação
   verdadeiro programa – 21

Saúde
   equilíbrio vibracional – 36

Semeador
   luta diária do * que trabalha – 25
   recompensas – 25

Sêneca, professor – 07

Serafim, Sílvia, Espírito
   peregrinação – 27
   Remorso – 27

Sociedade Real de Medicina
   fenômenos magnéticos – 03

Sócrates, filósofo
   aspectos da verdade – 20
   filosofia sublime – 07

Sofrimento
   criação – 27

Sólio Divino
   meta fulgurante – 36

Southey, Robert, Espírito
   Apreciações – 16
   Corte Portuguesa – 16, nota
   reencarnação – 16

Tântalo, rei lendário
   símbolos mitológicos – 11

Tarefa mediúnica
   manancial de ouro – 10

Teixeira, Múcio, Espírito
   Meditação – 31
   obrigação incessante – 31

Temor
   desafios do mundo sem
   * do pecado – 04

Templo
   referência para milhões de
   almas errantes – 21

Tempo
   valorização – 30

Terra
   compadecimento da
   * sem água – 25
   flagelos – 06
   grande teatro – 09
   paraíso no berço – 34
   permanência – 09

Terra Prometida
   destinação – 01

Tiago, apóstolo – 08

Trabalhador
   sistema de punição para
   * relapso – 11

Trabalho
   bússola do progresso – 01

Universo
   congregação infinita de sóis – 30
   harmonia e ascensão – 29

Vaidade
   ascensão ao poder político – 06
   cegueira do coração – 17

Verdade
   interesse – 10

Vergonha
   males praticados – 27

Vibração espiritual
   importância – 14

Vida
   conceito – 11
   crescimento feliz para
   a * imortal – 19
   reencontro da * além
   da morte – 27

Vida corpórea
   divina argila – 37

Vida espiritual
   intercâmbio – 07
   retorno – 14
   trabalhadores em transição – 14

Virtude
   bênção indiscutível, * firme – 19
   passaporte para o Paraíso – 18

Vontade
   bússola no mar da experiência – 31
   destino do homem – 37

O EVANGELHO NO LAR

Quando o ensinamento do Mestre vibra entre quatro paredes de um templo doméstico, os pequeninos sacrifícios tecem a felicidade comum.[1]

Quando entendemos a importância do estudo do Evangelho de Jesus, como diretriz ao aprimoramento moral, compreendemos que o primeiro local para esse estudo e vivência de seus ensinos é o próprio lar.

É no reduto doméstico, assim como fazia Jesus, no lar que o acolhia, a casa de Pedro, que as primeiras lições do Evangelho devem ser lidas, sentidas e vivenciadas.

O espírita compreende que sua missão no mundo principia no reduto doméstico, em sua casa, por meio do estudo do Evangelho de Jesus no Lar.

Então, como fazer?

Converse com todos que residem com você sobre a importância desse estudo, para que, em família, possam compreender melhor os ensinamentos cristãos, a partir de um momento de união fraterna, que se desenvolverá de maneira harmônica e respeitosa. Explique que as reflexões conjuntas acerca do Evangelho permitirão manter o ambiente da casa espiritualmente saneado, por meio de sentimentos e pensamentos elevados, favorecendo a presença e a influência de Mensageiros do Bem; explique, também, que esse momento facilitará, em sua residência, a recepção do amparo espiritual, já que auxilia na manutenção de elevado padrão vibratório no ambiente e em cada um que ali vive.

Convide sua família, quem mora com você, para participar. Se mora sozinho, defina para você esse momento precioso de estudo e reflexões. Lembre-se de que, espiritualmente, sempre estamos acompanhados.

Escolha, na semana, um dia e horário em que todos possam estar presentes.

O tempo médio para a realização do Evangelho no Lar costuma ser de trinta minutos.

---

[1] XAVIER, Francisco Cândido. *Luz no lar*. Por Espíritos diversos. 12. ed. 7. imp. Brasília: FEB, 2018. Cap. 1.

As crianças são bem-vindas e, se houver visitantes em casa, eles também podem ser convidados a participar. Se não forem espíritas, apenas explique a eles a finalidade e importância daquele momento.

O seguinte roteiro pode ser utilizado como sugestão:

1. Preparação: leitura de mensagem breve, sem comentários;
2. Início: prece simples e espontânea;
3. Leitura: *O evangelho segundo o espiritismo* (um ou dois itens, por estudo, desde o prefácio);
4. Comentários: breves, com a participação dos presentes, evidenciando o ensino moral aplicado às situações do dia a dia;
5. Vibrações: pela fraternidade, paz e pelo equilíbrio entre os povos; pelos governantes; pela vivência do Evangelho de Jesus em todos os lares; pelo próprio lar...
6. Pedidos: por amigos, parentes, pessoas que estão necessitando de ajuda...
7. Encerramento: prece simples, sincera, agradecendo a Deus, a Jesus, aos amigos espirituais.

As seguintes obras podem ser utilizadas nesse momento tão especial:

- *O evangelho segundo o espiritismo*, como obra básica;
- *Caminho, verdade e vida*; *Pão nosso*; *Vinha de luz*; *Fonte viva*; *Agenda cristã*.

Esse momento no lar não se trata de reunião mediúnica e, portanto, qualquer ideia advinda pela via da intuição deve permanecer como comentário geral, a ser dito de maneira simples, no momento oportuno.

No estudo do Evangelho de Jesus no Lar, a fé e a perseverança são diretrizes ao aprimoramento moral de todos os envolvidos.

www.febeditora.com.br

/febeditora /febeditoraoficial /febeditora

Conselho Editorial:
Jorge Godinho Barreto Nery – Presidente
Geraldo Campetti Sobrinho – Coord. Editorial
Cirne Ferreira de Araújo
Evandro Noleto Bezerra
Maria de Lourdes Pereira de Oliveira
Marta Antunes de Oliveira de Moura
Miriam Lúcia Herrera Masotti Dusi

Produção Editorial:
Elizabete de Jesus Moreira

Revisão:
Alberto Ribeiro Vallim
Jorge Leite de Oliveira
Maria Abadia Matheus

Capa:
Luciano Carneiro Holanda

Projeto Gráfico e Diagramação:
Thiago Pereira Campos

Foto de Capa:
license-watercollor-mountains-background-21698300.pdf

Normalização Técnica:
Biblioteca de Obras Raras e Patrimônio do Livro

Esta edição foi impressa pelo sistema Impressão pequenas tiragens, em formato fechado de 155x230 mm e com mancha de 107x166 mm. Os papéis utilizados foram o Off White 80 g/m² para o miolo e o Cartão 250 g/m² para a capa. O texto principal foi composto em fonte Adobe Garamond 10/11,5 e os títulos em Avenir LT Std 21/25,2. Impresso no Brasil. *Presita en Brazilo.*